ee[illegible] realiteit

Getuigenis vanuit persoonlijke ervaringen

Dora van Gelder

Moment

Oorspronkelijke titel: The Real World of Fairies

Coverontwerp: Françoise De Gomme
Foto Dora van Gelder: The Theosophical Society in America
Druk: Drukkerij Verraes
Distributie Vlaanderen: Agora
Distributie Nederland: Allmedia

ISBN 90 77074 01 5
D/2002/9426/1
NUR 720 (NUGI 626)

ELFEN, EEN SUBTIELE REALITEIT

Inhoudstafel

Voorwoord

Het is met plezier dat ik de helderziende ontmoetingen van Dora van Gelder voorstel aan de lezer. De openhartige ervaringen van de auteur onthullen een wonderbaarlijke wereld die velen nog zullen kennen vanuit hun eigen kindertijd, waar elke boom bewoond was door zijn boomgeest en bepaalde mysterieuze plaatsen de mogelijkheid boden tot vreugdevolle uitwisselingen met onze partners en buren van de natuurlijke wereld: wezens die de meeste volwassenen niet kunnen zien.

In dit voorwoord heb ik als taak de teksten van de auteur te helpen plaatsen in de context van ons hedendaagse begrip van de elfenwereld. Tijdens het leven van Dora van Gelder – een periode die het grootste deel van de twintigste eeuw overspant – hebben de elfen een interessante overgang gemaakt in het algemeen bewustzijn.

In de periode van 1907 tot 1910 bracht W. Y. Evans-Wentz van de Universiteit van Stanford, een bezoek aan Engeland, Schotland, Ierland, Wales en Bretagne met de bedoeling het geloof in elfen te bestuderen. Hij kwam tot de vaststelling dat bij de bewoners van de Keltische landen het geloof in elfen en ontmoetingen met elfen nog steeds heel sterk aanwezig waren[1]. Deze elfentradities maken nu nog steeds continu deel uit van hun dagdagelijkse ervaringswereld. Ze staan in het verlengde van een lange elfentraditie die door de Middeleeu-

1. W. Y. Evans-Wentz, *The Fairy Faith in Celtic Countries,* Oxford University Press, Londen, 1911.

wen heen teruggaat tot het Keltische verleden. Persoonlijke getuigenissen van deze traditie zijn slechts sporadisch bewaard, maar brengen allemaal dezelfde boodschap. Hieronder volgen twee voorbeelden van ontmoetingen met elfen waarin geestelijken betrokken zijn – een katholiek en een protestant –, dit om aan te tonen dat het vermogen om elfen te zien weinig of niets te maken heeft met de spirituele overtuiging die men heeft!

Gerald of Wales, een kroniekschrijver uit de dertiende eeuw, vertelt hoe Elidyr, een jongen uit Wales, de elfenheuvels bezocht. Hij ontdekte de ondergrondse elfenwereld, een bijzonder mooie plaats waar het daglicht nooit komt. De elfen hielden zich altijd aan hun woord een koesterden enkel minachting voor wereldlijke ambities en leugens. Elidyr leerde de elfentaal, die een beetje leek op Grieks. Maar toen de hebzucht van de volwassenen hem naar het elfenland terugdreef om goud te zoeken, werd hem de toegang tot het elfenrijk voor altijd ontzegd, wat Elidyr later met tranen van spijt overleverde.[2]

Het elfenonderzoek van de zeventiende-eeuwse schrijver eerwaarde Robert Kirk is de eerste semi-antropologische studie van hun gewoontes en hun zeden. Van Kirk zelf wordt gezegd dat hij niet in zijn graf te Aberfoyle ligt, maar tot op heden in de elfenwereld verblijft. Kirk nam interviews af van mensen die elfen hadden ontmoet en hun manier van doen kenden. Verschillende feiten die hij over hen noteerde, worden duidelijk doorheen de Keltische traditie: dat ze hun eigen ondergrondse verblijfplaatsen hebben die stervelingen zoveel mogelijk vermijden, dat ze in staat zijn mensenkinderen te

---

2. Gerald of Wales, *The Journey through Wales*, Penguin, Harmondsworth, 1977.

stelen en ze door een wisselkind te vervangen, dat ze schatten bewaren, dat ze nuttige verbintenissen kunnen aangaan met mensen.[3]

Overal ter wereld verschijnen elfen in de overlevering, uiteraard onder veel verschillende namen. Naargelang het min of meer moderne karakter van het desbetreffende land, blijven ze een sterke bron van verbazing, onrust of ongeloof vormen. Toch heeft een radicale verandering plaatsgehad vorige eeuw. Dit proces werd in gang gezet toen folkloristen en verzamelaars van verhalen, zoals de gebroeders Grimm, in het begin van de negentiende eeuw startten met het optekenen van verhalen. Plattelandsmensen – volwassenen in het bijzonder – brachten verhalen en liederen waarin elfen optraden als verdedigende krijgers, ontrouwe minnaars, behoeders van schatten en wijsheid. Met de bedoeling een groter publiek te bereiken, begonnen verzamelaars van verhalen dingen te veranderen. De minder fraaie elementen uit de elfentraditie werden verwijderd tot de term elfenverhaal de betekenis kreeg van "een licht volksverhaal geschikt voor kinderen".[4]

Na de eeuw waarin de ratio zegevierde en men stelde dat wat onzichtbaar was niet bestond, flakkerde in de negentiende eeuw de interesse voor het bovennatuurlijke en het esoterische terug op. De onderzoekers die de meeste belangstelling vertoonden voor dit onderwerp, verloren de band met hun eigen elfen- en magische traditie en richtten hun blik naar

---

3. Robert Kirk, *The Secret Commonwealth*, ed. Stewart Sanderson, D. S. Brewer, Cambridge, 1976.
4. Caitlín Matthews en John Matthews, *The Fairy-Tale Reader*, Thorsons, Londen, 1993.

het mysterieuze Oosten op zoek naar inspiratie, en verwaarloosden zo de rijkdom die binnen hun bereik lag.

R. J. Stewart, een autoriteit op het vlak van elfentradities, stelt dat er een wereld van verschil bestaat tussen de levende, volkse elfentradities waar ook ter wereld enerzijds en die visie over elfen als deel van de eigentijdse cultuur anderzijds. Het beeld dat we van de elfen hebben als kleine, gevleugelde wezentjes die op bloemen zitten, heeft meer te maken met de populaire voorstelling van deva's of natuurgeesten in negentiende-eeuwse producties van *Een midzomernachtsdroom* dan met het beeld dat onze voorouders zo lang hebben gekoesterd.[5]

Op het einde van de negentiende eeuw nam de interesse voor psychische fenomenen een meer wetenschappelijke en meetbare wending. Nieuwe technologieën werden op punt gesteld met de bedoeling ectoplastische contacten, geesten en verschijningen vast te leggen. De camera kon niet liegen, of wel? De foto's van de Cottingley elfen die in 1917 door twee kleine meisjes werden genomen, zorgde voor de nodige opschudding in Theosofische kringen. Het was oplichterij, waar Sir Arthur Conan Doyle zonder het te beseffen zijn steun aan verleende. In 1983 gaf Elsie Wright, één van de meisjes die destijds de foto's nam en ondertussen de kaap van de tachtig had overschreden, toe dat ze het spel hadden opgezet aan de hand van kartonnen knipsels. Het incident van de Cottingley elfen gaf aanleiding tot twee films, *Photographing Fairies* (1997) en *Fairy Tale* (1997), die elk op een verschillende manier omgingen met het elfenfenomeen in zijn totaliteit.

---

5. R. J. Stewart, *The Living World of Fairy*, Gothic Image, Glastonbury, 1995.

Tegenwoordig is er een toenemende belangstelling voor elfenoverleveringen in het kader van de heropleving van het paganisme. Deze beweging schommelt soms tussen het eigenaardige en het fantastische, maar heeft wel een historische basis. Engelse plattelandslieden die in de zestiende en zeventiende eeuw op beschuldiging van hekserij gearresteerd werden, spraken eerder van ontmoetingen met de elfenkoningin dan van contacten met de duivel. De romans van moderne fantasy-auteurs zoals Charles de Lint, zeer populair onder de aanhangers van het paganisme, houden de traditionele visie op elfen levend en ontwikkelen ze door hen af te schilderen als bondgenoten, uitdagers en minnaars.

Verschillende ooit onwankelbare vormen van geloof in elfen zijn in de laatste twintig jaar veranderd. Graancirkels – waarvan men ooit dacht dat dit het werk van elfen was – en ontvoeringen van mensen naar het elfenrijk worden nu toegeschreven aan buitenaardse wezens. Zo ruilt het volksgeloof zijn planetaire focus in voor een interplanetaire focus. In plaats van een gepaste eerbied aan de dag te leggen voor onze aardse buren de elfen, aan wie plattelandsbewoners eeuwenlang melk en andere offerandes hebben gebracht, heeft onze postmoderne cultuur het toppunt van ontwrichting met de aarde bereikt door te zoeken naar buitenaardse verklaringen.

De traditionele visie die elfen afschilderde als geesten die met respect aangesproken en behandeld moesten worden, geldt voortaan voor buitenaardse wezens, die de rol toebedeeld krijgen van slechterikken, terwijl elfen nu gezien worden als verwanten van de engelen, één en al goedheid en behulpzaamheid naar de mensen toe. We moeten waakzaam blijven bij het onderscheiden van geesten. Terwijl we open moeten staan voor de mogelijkheid dat we inderdaad zonder het te beseffen engelen kunnen ontmoeten, moeten we ons ook hoeden voor overdreven naïviteit in de omgang met elke geest die we ontmoeten. Geesten, zoals mensen, komen in alle vormen en afmetingen voor. Sommigen zijn ons goedgezind; sommigen zijn onverschillig jegens ons; anderen zullen hevig weerwerk leveren als we bepaalde gedragscodes overschrijden.

Onze visie op de elfen is radicaal veranderd, maar ik vraag mij af of de elfen zelf ooit substantiële veranderingen hebben ondergaan.[6]

Dora van Gelder gaat door voor een belangrijke verslaggeefster van ontmoetingen met elfen in de twintigste eeuw. Als een helderziende die zich ervan bewust is dat de wereld een vrolijke, bezielde plaats is, ervaart zij de elfen als de elementaire vormen die aan de basis liggen van de natuur.

Bij het bestuderen van de ervaringen van Dora Van Gelder, ben ik mij bewust hoe uiteenlopend menselijke getuigenissen met betrekking tot ontmoetingen met elfen zijn. Ik kan enkel op mezelf terugvallen voor vergelijkbare ervaringen. Mijn grootste wens als kind was een elf te mogen zien. Ik kroop in bed en bad met de grootste ernst in de hoop er één te zien. Volwassenen vertelden me dat elfen zich "in de achtertuin" schuilhielden, met als gevolg dat ik, ijverig als ik was, post vatte tussen de brandnetels en distels al speurend naar elfen. Maar het stond geschreven dat dergelijke pogingen op een ontgoocheling zouden uitdraaien, aangezien elfen zichzelf niet laten zien aan stalkers, zoals ik er toen één was.

---

6. Peter Narvaez, ed., *The Good People*, University Press of Kentucky, Lexington, 1991.

In feite besefte ik toen nog niet *dat ik reeds vele elfen had ontmoet en met hen vriendschap had gesloten.* Ik had mij immers laten misleiden door de literatuur die over hen bestaat. Mijn kinderboeken bevatten afbeeldingen van elfen: kleine, mensachtige miniatuurwezens met gaasachtige vleugeltjes zoals vlinders. In deze boeken logeerden elfen in eikelnapjes en aten van paddestoelentafels. Ze werden altijd afgebeeld zoals plattelandskinderen zijn: gelukkig, blozend en goedhartig. Dat was dan ook wat ik verwachtte te zien.

Mijn huidige ervaring met elfen was al enige tijd aan de gang, maar ik wist toen nog niet dat ik in feite elfen waarnam. Het duurde vele jaren voor ik dit besefte. Als kind deed ik niets liever dan op de vloer liggen onder een kleurrijk wollen deken dat mijn moeder voor mij had gebreid. Ik sloeg dit deken rond mijn lichaam en hoofd om in contact te komen met mijn vriendjes, de Vormers.

De Vormers kwamen tevoorschijn in het halfduister van het deken. Ze kwamen als vormen en kleuren, ongeveer zoals de vormen die je ziet in een caleidoscoop. Zij vormden al draaiend en vloeiend vele verschillende patronen. Zij kwamen even goed als geuren, smaken, bewegingen en muziek. Ik hield van hen met heel mijn hart, aangezien ze mij dingen leerden en met mij praatten doorheen hun bewegingen, patronen en klanken. Ik zeg “praatten”, maar zij maakten geen gebruik van gesproken taal, noch “hoorde” ik hen met mijn oren. Zij communiceerden doorheen vormen, terwijl ze hun oorspronkelijke patronen herordenden tot complexe dansen die mij de basisvormen van kennis bijbrachten.

Terwijl ik mij deze ervaring terug voor de geest haal en ze interpreteer vanuit het standpunt van een volwassene, zou ik zeggen dat de Vormers gelijken op het ingewikkelde netwerk van celkernen bekeken door een microscoop. Hun geometrische en abstracte verschijningsvorm ten spijt, waren de Vormers de elfen waar ik vruchteloos naar op zoek was.

Geen wonder dat ik ze niet associeerde met de elfen uit mijn prentenboeken. Niet alleen leken zij niet op gevleugelde kinderen, maar de Vormers leerden me diepe, wereldschokkende kennis over muziek en klank, over schepping en het verband tussen oorzaak en gevolg, over metafoor en symbool. Deze ervaring was als het leren van een taal dieper dan gesproken taal, één die de grenzen van tijd en ruimte oversteeg.

Ik ontdekte dat de Vormers in de natuur konden worden gevonden, in de bossen die ik elke week op mijn eentje verkende – terwijl ze mij veilig in het oog hielden. Ik wist dat ze in de krijtheuvels waren, in de plassen dauw, de gevallen bomen die mijn speelkameraadjes waren, de korenvelden en de geheime, verborgen en vergeten plaatsen van de natuur. De wegen die de Vormers mij in mijn kindertijd hebben laten zien, zijn nu voor mij betekenisvol. Ik ben erin geslaagd om de patronen, frequenties en muziek van hun onderricht te begrijpen, naarmate ik in mijn praktijk frequentie, klank en muziek gebruik om te ontdekken wat er met mensen gaande is, en om de kwetsuren van hun ziel te helen.

De spirituele gaven van de elfen zijn enkel verkrijgbaar via gebed en door de bereidheid om als tegenprestatie heel hoffelijk te zijn. Mijn bondgenoten de elfen brengen me vaak in contact met de geesten van kruiden, planten en bomen die verwondingen van lichaam en ziel helpen te genezen. Ik heb de gewoonte dagelijks voedsel te schenken aan de elfen met een danklied, om een goede verhouding te onderhouden met hen als buren.

Misschien zijn er vele mensen die, net als ik, altijd een elf hebben willen ontmoeten? Veel van mijn studenten zijn fel geïnteresseerd om op hun beurt bondgenoten bij de elfen te vinden. Elfen houden er niet van altijd opgemerkt te worden; zij hebben behoefte aan hun eigen plaats en rust, net als mensen. Hoewel ze vaak blij zijn ons te kunnen helpen, zijn zij terzelfder tijd discreet en teruggetrokken. Vaak dienen we een aantal dingen in onszelf te veranderen alvorens zij zich aan ons laten kennen.

Om bondgenoten onder de elfen te vinden, dienen we dit aan te vangen met een eerlijk hart, zonder egocentriciteit, met goede manieren, respect voor anderen en een sterk ontwikkeld, ervaren waarnemingsvermogen. Vriendschappen komen tot stand doorheen wederzijdse aantrekking, zielsverwantschap en een bereidheid tot uitwisseling. Zij die er met een commerciële instelling aan beginnen, met de bedoeling uit te zoeken wat elfen voor hen kunnen doen, zullen van een kale reis terugkomen.

Dora van Gelder stelt de vraag waarom niet meer mensen elfen kunnen zien. Het lijkt me evident dat de meeste volwassenen te sterk ondergedompeld zijn in de fysieke zijde van de realiteit om bewust te zijn van wat rondom hen gebeurt in de onzichtbare – en even reële – realiteit. De moderne cultuur hecht weinig belang aan de onzichtbare realiteit en legt bijgevolg weinig respect aan de dag voor oorzaak en gevolg.

Ikzelf ben niet echt een "ziener" van verschijnselen, maar eerder iemand wiens gehoor en tastzin samen toelaten het resonerende veld te ervaren. Hoe dan ook, enkele jaren terug had ik een korte ervaring van "het tweede zicht" of *an dha shealladh*, zoals het spiritueel zien in het Gaelisch wordt genoemd. Toen ik terug thuiskwam van een afmattende reis naar het buitenland, half uitgehongerd, begon ik letterlijk elfen te zien met mijn fysieke ogen. Het elfenvolk dat in bomen, planten en rivieren huisde, kwam mij van alle kanten tegemoet. Ze zagen er helemaal niet uit als de Vormers. Het waren krachtige, grote geesten, slechts weinigen waren blozend en leuk, en niet één had vleugeltjes! Het was een heel verwarrende ervaring. In Estonia, was ik heel erg bewust geweest van de aanwezigheid van elfen in de ongerepte enclave van het nationale bos. Thuis, in Oxford, *zag* ik eindelijk elfen, zoals ik dit had gewenst.

Terwijl ik mijn moed bij elkaar raapte, stelde ik hen de vraag: "Hoe komt het dat ik jullie op deze manier kan zien?" Zij antwoordden: "In normale omstandigheden kun je ons niet zien door de harde steen [de concrete wegen] en het scherpe licht [de elektrische straatverlichting]. Maar we vertoeven nog steeds op ongerepte plaatsen." Terwijl ik met hen sprak, begon ik te beseffen dat het heel gevaarlijk was om in deze bewustzijnstoestand te blijven hangen. Ik kon heel gemakkelijk wegglijden naar het elfenrijk. Ik ging terug naar huis, verorberde drie maaltijden na elkaar en ging slapen. Wanneer ik wakker werd, had ik het tweede zicht verloren, tot mijn grote opluchting!

Vele traditionele en voorouderlijke onderrichtingen met betrekking tot het elfenvolk raden voorzichtigheid aan: kwetsbare mensen zouden beter geen contact zoeken met elfen, noch hun verblijfplaats opzoeken. Ik kan volkomen begrijpen hoe baby's, kinderen, afgewezen verliefden en verdwaalde huisdieren definitief in het elfenrijk kunnen verzeild raken.

De sferen van deze andere wereld zijn ongetwijfeld prachtig, maar de elfenwegen zijn niet de menselijke wegen, en we zouden beide beter niet met elkaar verwarren.

In Ierland wordt het verstoren van traditionele verblijfplaatsen van het elfenvolk nog steeds beschouwd als een zwaar gebrek aan hoffelijkheid. De meeste plattelandsmensen zijn heel voorzichtig en vermijden dergelijke plaatsen. Het snoeien van een meidoorn die door elfen wordt bezocht, wordt nog steeds aanzien als een afschuwelijke daad, laat staan hem omhakken.

Dit werd mij op schokkende wijze duidelijk gemaakt aan de hand van een recent geval. Mijn klant Michael vroeg mij om healing met betrekking tot de dood van zijn jongere zuster enkele jaren terug. Toen ik contact begon te zoeken met mijn spirituele gidsen, stond ik opeens oog in oog met een woedende elfenman. Hij vertelde me dat de familie van Michael zijn familie zwaar onrecht had aangedaan en dat ik mijn zielereis niet kon verderzetten noch hulp voor hem krijgen, tenzij Michael bereid was een meidoorn te planten om dit goed te maken. Mijn eigen gidsen spoorden me aan deze overeenkomst te aanvaarden in naam van Michael. Verder wisten ze mij te vertellen dat de elfen de zieltjes van de kinderen uit Michael's familie hadden genomen als schadeloosstelling voor een afschuwelijke belediging.

Toen ik Michael vertelde hoe woedend de elfenman was en dat hij verwachtte dat hij een meidoorn zou planten, verbleekte Michael. Hij onderbrak me plots en vertelde mij dat zijn grootvader op onverantwoorde wijze een oude meidoorn had omgehakt die deel uitmaakte van het elfenrijk. Michael vertelde me dat sindsdien in iedere tak van zijn familie een klein kind was gestorven. Michael beloofde plechtig dat hij niet alleen een meidoorn op zijn land zou planten en hem zou wijden aan de elfen bij wijze van verzoening, maar dat hij er tevens over zou waken dat niemand ooit aan de boom zou komen, zelfs niet om hem te snoeien! Ik ben ervan overtuigd dat hij deze belofte blijvend zal naleven.

Dergelijke verhalen tonen het verband aan tussen oorzaak en gevolg. Niemand kan met een bepaalde intentie handelen zonder de gevolgen ervan te dragen. Omdat ons algemeen bewustzijn met betrekking tot elfen veranderd is, omdat we weinig aandacht schenken aan de onzichtbare werkelijkheid, en omdat we zo weinig respect hebben voor de aarde zelf, dienen we voortdurend zorg te dragen voor ons gedrag. Zoals Dora van Gelder aangeeft, heeft de impact van vervuiling op de omgeving de wereld tot een koudere, hardere en minder levendige plaats gemaakt.

Zoals ze vaststelt, hebben zij die dicht met de elementen werken meer respect voor de delicate verhouding tussen werkelijkheden dan de meeste andere volwassenen. Zij vernoemt zeemannen en mijnwerkers als mensen die een natuurlijk respect tonen voor de natuurgeesten. Maar weinig mensen werken nu direct met de natuur. Opgesloten in kantoorgebouwen, verbannen van de aarde op de veertiende verdieping, hebben velen geen besef van de overgang der seizoenen, van hun eigen deelname aan de natuurlijke cyclus. Dit gebrek aan contact ontneemt ons vitaliteit, voeding en spirituele gezondheid. Ontelbare kleinere ongemakken en ontevredenheid getuigen van onze verwaarlozing van het essentiële contact met de natuur. Toch is het de genezende kracht van de natuur waar veel mensen nu hun blik op richten.

Vandaag, met het toenemen van de betrokkenheid over gezondheid en leefmilieu, zoeken meer mensen hun heil in kruidengeneeskunde en plantenextracten. Zij die de geesten van bloemen en bomen hebben benaderd in hun zoektocht naar genezing hebben het harmonieuze verbeteringsmiddel ontdekt dat wordt afgescheiden door geneeskrachtige planten. Wanneer we dergelijke geneesmiddelen innemen, sluiten we ons aan bij de geest van de elfen; deze geneesmiddelen geven ons de sleutel voor het gezond maken van de wereld in meer dan één betekenis.

Meer en meer mensen komen nu tot een eerder schokkende vaststelling: dat de aarde en haar grondstoffen geen handelswaar zijn, maar de noodzakelijke biotoop van onze soort. We hebben dit leefmilieu eeuwenlang met onze buren de elfen gedeeld, maar zijn pas laat tot het besef gekomen dat het de elfen en de natuurgeesten zijn die onze planeet in stand hebben gehouden, terwijl wij de genoegens van de aarde hebben uitgeput door ons onbezonnen gedrag.

Hoe meer we onze aardse origines ontgroeien, hoe meer we het heilige web van het leven verstoren. Hoe meer synthetische voedings- en geneesmiddelen we tot ons nemen, hoe meer we ons verwijderen van onze buren de elfen.

Zoals Dora van Gelder onderstreept, merken kinderen het plezier en de samenwerkende aspecten van elfen op. Dolgedraaide volwassenen handelen vaak vanuit afscheuring met hun oorspronkelijke zelf en maken zo minder kans op gelukkige ontmoetingen. Onze soort heeft zo weinig respect voor de aarde en haar onzichtbare bewoners aan de dag gelegd dat we niet automatisch zo'n eenvoudige, ongekunstelde ontmoetingen kunnen verwachten als deze welke de auteur heeft ervaren.

De bondgenootschappen en vriendschappen die we kunnen hebben met de elfenwereld, dienen te starten met het besef dat we allemaal kinderen zijn van de aarde en dat we respect verschuldigd zijn aan alle levende wezens. Zoals onze ervaring met wereldlijke politiek bewijst, zijn overal waar een raakpunt van conflict bestaat, ook vredestichters aan het werk. Dit is onze taak: goede ambassadeurs zijn voor onze eigen soort, bereid zijn zelf te veranderen eerder dan veranderingen door te voeren ten koste van andere wezens. Hoe meer mensen dit beseffen, hoe groter de kansen voor een vredevolle samenleving.

Waar we ook gaan op aarde, we moeten de elfen en de geesten van het land telkens dankbaar zijn. Dit is in het bijzonder belangrijk wanneer we de grond voorbereiden om er een huis te bouwen of er een tuin aan te leggen. We kunnen rustig op deze plaats gaan zitten en zorgvuldig luisteren naar de elfen. Stem je af op de kwaliteit van de plaats. Stop met je zorgen te maken over je eigen belang. Word één met het landschap, het gras, de bomen, de vogels. Voel het land alsof je er een deel van was. Bedenk dat je effectief een kind van het universum bent, op dezelfde manier als dieren, bloemen, heuvels en rotsen dat zijn.

Misschien, als je daar lang genoeg zit met de juiste manier van luisteren, zul je je bewust worden van de elfen van die plaats. Dan zul je bevoordeeld zijn om te leren dat het elfenvolk speciale beschermers zijn van de ongerepte, diepe plaatsen van de natuur.

Mensen hebben een verwaandheid die elfen afstoot. Enkel als we afstand kunnen nemen van onze trots, ons idee van onszelf als het toppunt van de schepping, kunnen we de elfen zien en met hen samenwerken. Dit wordt niet bereikt door het lezen van een boek of het volgen van een korte workshop. Dit is een lang, organisch leerproces dat vele jaren in beslag neemt. Maar, als we geduldig en hoffelijk zijn, kunnen ook wij bondgenoten onder de elfen vinden in de ongerepte natuur, op de geheime wegen van onze dromen, in de diepe wijsheid van oude en voorouderlijke tradities van ons land, zoals Dora van Gelder heeft aangetoond.

> Dit gebed is bestemd voor al wie op zoek is naar een manier om in contact te treden met het elfenvolk:
>
> In de sluiers tussen de werelden, herinner ik mij het elfenvolk dat de oude plaatsen beschermt. Laat ons licht en hoffelijk over de aarde wandelen, laat geen enkel wezen hun vooruitgang tegenhouden of hun pad blokkeren, zodat de verborgen huishouding van de aarde vredig kan zijn.[7]

Het is de diepste wens van Dora van Gelder dat de scheidingslijnen tussen onszelf en de elfen mogen vervagen en dat er een ware samenwerking mag groeien. De verwezenlijking van de toekomst ligt in al onze harten.

Caitlín MATTHEWS[8]

---

7. Caitlín Matthews, *Celtic Devotional*, Crown, New York, 1996; vrij vertaald.
8. Caitlín Matthews is de auteur van een dertigtal boeken, waaronder *Singing the Soul Back Home: Shamanism in Daily Life, The Celtic Tradition* (Nederlandse vertaling*: De Keltische traditie*, Ankh-Hermes, Deventer, 1993), en *The Celtic Spirit: Daily Meditations for the Turning Year*. Caitlín heeft een sjamanistische praktijk in Oxford, waar ze mensen helpt die nood hebben aan healing, herintegratie van de ziel en advies met betrekking tot hun levensroeping. Samen met haar man en auteur John Matthews, organiseert ze overal ter wereld cursussen over sjamanisme en Keltische tradities.

1

Inleiding tot de elfenwereld

Vele mensen zijn ertoe bereid of verlangen er zelfs naar te geloven in het bestaan van elfen. Het Kleine Volkje is namelijk zo sterk verbonden met gelukkige herinneringen aan de kindertijd dat men hen met veel plezier terug voor de geest haalt als deel van een wereld waarin materialisme minder belangrijk is. Maar voor de meesten onder ons zijn zij slechts een verloren gegane illusie. Gelukkig geldt dit niet voor iedereen. Voor zover ik me kan herinneren heb ik, net zoals een aantal andere mensen, altijd verschillende soorten elfen kunnen zien. Met *zien* bedoel ik dat ik ze buiten mezelf en objectief waarneem, net zoals ik bomen buiten mezelf objectief waarneem.

Op de volgende bladzijden zal ik deze prachtige wezens zo nauwkeurig en realistisch mogelijk proberen te beschrijven. Het lijkt me beter van bij het begin duidelijk te maken waarom ik bevoordeeld ben om deze onderneming aan te vatten. Vooreerst werd ik nooit ontmoedigd om elfen te observeren aangezien ik in het Oosten ben geboren en veel mensen daar elfen zien, terwijl bijna iedereen er in elfen gelooft. Dit verklaart gedeeltelijk waarom deze capaciteit om elfen te zien, die de meeste kinderen hebben, in mij is blijven bestaan. Anderzijds heb ik het geluk gehad op te groeien te midden van een familie en een vriendenkring waarvan een aantal onder hen ook elfen konden waarnemen; en ook op reis heb ik mensen ontmoet die hiermee vertrouwd waren. Daarom is wat ik hier heb neergeschreven niet de inbeelding van één enkel geïsoleerd kind, maar informatie die ik heb verzameld tijdens mijn vele contacten en gesprekken met elfen over de hele wereld, in soms ongewone, maar steeds volstrekt natuurlijke omstandigheden. Men kan met deze wezens communiceren op een even duidelijke manier als wij mensen met elkaar praten. Bovendien gebeurt de communicatie sneller dan in een gesprek en in zekere zin ook nauwkeuriger, al is de methode (die ik straks zal beschrijven) iets verschillend van wat wij praten noemen.

Het is belangrijk om deze zaken te vermelden want éénmaal we de wereld beschouwen vanuit het standpunt van een elf, krijgen we een glimp te zien van een nieuw universum. Zoveel zaken die voor ons van belang zijn, lijken hen helemaal niet te deren. Over leven en dood, bijvoorbeeld, weten zij alles. Voor hen is er geen onzekerheid en drama mee gemoeid. Mensen zien zo vaak op tegen het leven en vrezen de dood. Elfen echter zien de stroom van het leven doorheen alles wat is. Wij, mensen, leven in een aanschouwelijke wereld van vormen, zonder de levenskracht te begrijpen die erachter schuilgaat. Voor ons betekent het verlies van de vorm het einde van het leven, maar elfen laten zich hierin nooit misleiden. Op dat vlak kunnen wij van hen een scherpzinnige en krachtige les leren.

Waarom kunnen de meeste mensen geen elfen zien? Ze leven nochtans in dezelfde wereld als wij, maar hun lichamen hebben een dichtheid die minder is dan dat van ons, een beetje minder dicht zelfs dan een ijl gas. Ik ben er zeker van dat de sluier tussen ons en hen uitermate dun is, zo dun dat bijna iedereen kan binnentreden in hun wereld, mits een kleine inspanning te verrichten langs de juiste lijn. De moeilijkheid is aan te duiden waar deze lijn precies ligt en dit verstaanbaar te maken aan andere mensen. Een verschil in standpunt is ongetwijfeld de belangrijkste reden waarom men elfen niet kan zien. Als wat ik schrijf daarom kan helpen om bepaalde standpunten met betrekking tot de elfenwereld te herzien, dan zal dit ertoe bijdragen dat meer en meer mensen in staat zullen zijn om deze wezens waar te nemen.

Dat is natuurlijk niet alles. Willen mensen elfen kunnen zien, dan moet in hen eerst een speciaal zintuig gewekt worden. Het soort wereld waarin elfen leven beroert onze gewone zintuigen niet rechtstreeks. Elfen kunnen niet worden aangeraakt of gevoeld. Toch kunnen ze zonder twijfel gezien worden. In feite kan ons gewone zicht helpen om hen waar te nemen, maar dit zintuig is op zich een beetje te grof om het licht op te vangen dat zij uitstralen. Niettemin beschikt iedereen over een verfijnder, latent zintuig dan het gewone zicht en een behoorlijk aantal mensen hebben dit reeds geactiveerd. Het is dit hogere perceptiezintuig dat wordt gebruikt bij het bekijken van de dolle elfenwereld. Per slot van rekening heeft iedereen een brede waaier van zintuigen. Gevoel onthult vaste stoffen, smaakzin vertelt ons iets over vloeistoffen en reukzin zegt ons iets over gassen. Het zicht is zelfs nog subtieler en dan hebben we het volledige rijtje nog niet afgegaan. Er bestaat een speciale manier van kijken die *helderziendheid* wordt genoemd.

Feitelijk stoelt helderziendheid op een echte fysieke basis en is het bezitten van deze capaciteit minder mysterieus dan wat doorgaans wordt aangenomen. De kracht concentreert zich in het piepkleine orgaan in de hersenen dat de hypofyseklier wordt genoemd. De trillingen die met helderziendheid gepaard gaan, zijn zo subtiel dat er geen fysieke opening nodig is in de huid om hen naar de hypofyseklier te geleiden. Wel ligt er precies tussen de ogen en boven de neusbasis een ultragevoelig punt dat als een soort externe opening dient voor de inwendige klier. Helder zien is kijken vanuit deze plek op het voorhoofd, op dezelfde manier als gewoon zien met ogen gebeurt, alhoewel we allemaal beseffen dat deze organen in feite enkel kanalen zijn waardoor de waarneming plaatsvindt. Waarneming via deze gevoelige plaats verschilt op één vlak van perceptie via onze gewone zintuigen: binnenin is er geen fysiek zenuwstelsel. Toch werkt het, zoals ik hierboven beschreven heb. Als het nodig is om naar deze fijnere wereld te kijken waarin elfen en aanverwante wezens leven, dient men zich slechts even te concentreren op deze lijn van zien en het zintuig reageert op een gelijkaardige manier als onze ogen zich openen (in dit geval slechts één oog). Mij werd verteld (maar ik wil me niet voordoen als iemand die veel afweet van biologie) dat onze primitieve voorvaderen een opening in de huid hadden die de link legde met de hypofyseklier. Onze huidige hypofyseklier zou een afgezwakt overblijfsel zijn vanuit die periode. Medici weten echter dat deze klier nog levendig actief is, aangezien het stoffen afscheidt die onzichtbaar deel uitmaken van de bloedstroom en die een belangrijke rol spelen bij de groei en andere lichamelijke functies. Daarnaast weten we nu dat de hypofyseklier ook toelaat om heel fijne vibraties te ontvangen vanuit een wereld waarin alles veel subtieler is dan in de wereld die we kennen. Ik wenste dat ik het nog duidelijker kon beschrijven, maar vermoedelijk is dit de enige manier. Misschien is het maar beter dat het niet zo evident is dit zintuig aan te spreken, zodat mensen de werking ervan niet kunnen forceren. Elke krachtdadige inspanning om de natuur sneller te doen evolueren dan haar eigen tempo houdt immers gevaar in. Mensen proberen zich soms voorwaarts te stuwen in een staat van helderziendheid, door hun wil te gebruiken, drugs te nemen, of zich met andere praktijken in te laten. Hoe dan ook, als de ontwikkeling van helderziendheid op een onnatuurlijke manier wordt bewerkstelligd, is het meestal niet meer veilig, maar dit maakt het niet minder echt dan wanneer de capaciteit om helder te zien op een perfect normale manier tot stand is gekomen.

Men kan zich de vraag stellen waarom niet meer mensen elfen kunnen zien. Vermoedelijk is dit gedeeltelijk te wijten aan het feit dat, eenmaal volwassen, bijna niemand dit nog probeert, zelfs na mogelijke waarnemingen tijdens de kindertijd. Een andere reden die mogelijk meespeelt, is dat de weinigen die weten dat elfen bestaan ze niet altijd op de juiste manier proberen te zien. Wat mij betreft, ik kan elfen zien. Ik kan ze zien met gesloten ogen, alhoewel ik gewoonlijk mijn ogen openhoud. Vooreerst is het voor de waarneming niet nodig ze te sluiten. Anderzijds laat mijn gewone zicht mij toe de details beter te observeren, eenmaal ik via mijn helderziendheid elfen op het spoor ben gekomen. Bovendien zijn veel elfen zo goed als zichtbaar voor het gewone oog, dat het gemakkelijker is hen op deze manier te bestuderen. Een aantal mensen kunnen elfen zien op het randje van hun zicht, als het ware vanuit de ooghoeken. De theorie hierachter is dat het centrale deel van het netvlies zo vertrouwd is met het normale zicht dat het niet reageert op de meer delicate vibraties van licht komende van elfen, terwijl de rest van het netvlies nog relatief ongeconditioneerd is en meer geschikt voor dergelijke toepassingen. Elfen zijn lumineus. Maar aangezien ik geen fysicus ben, weet ik niet welk soort licht ze afgeven of reflecteren. En zelfs al was ik er één, welke instrumenten zou ik gebruiken om zoiets subtiels te bestuderen? Een bevriend wetenschapper gaf me de hint om elfen achtereenvolgens te bekijken door een geleende bril en met het blote oog, dit als test om na te gaan welk soort licht met hun verschijning gepaard gaat. Ik deed dit en vond dat elfen er verschillend uitzagen als ik de bril op had, net zoals bomen er verschillend uitzien als men ze doorheen een bril observeert. Maar misschien heeft het verschil te maken met het effect op mijn gewone zicht. Elfen lijken ook minder zichtbaar achter vensterglas, zodat dezelfde bedenking ook hier opduikt: is het het dimmen van het licht dat het gewone zicht beïnvloedt? Om iets of wat nut te hebben, moet dit soort experimenten over een langere periode worden uitgevoerd door verschillende mensen die elfen kunnen zien. Het is goed deze feiten even aan te raken omdat ze belangrijk zijn. Maar laten we nu verdergaan met de voornaamste doelstelling van dit boek, namelijk de beschrijving van elfen en hun leefwereld.

Ik wil even aanstippen dat deze onzichtbare wereld niet alleen elfen herbergt, maar ook nog een hoop andere wezens, en activiteiten van verschillend allooi. Een aantal onder hen zijn zo nauw verbonden met het elfenleven en -werk dat ik niet anders kan dan hen te vermelden, wat ik dan ook te gepasten tijde zal doen.

Laat ik daarom eerst uitleggen dat er twee belangrijke levensvormen zijn die verbonden zijn met elfen en die ook deel uitmaken van het in de natuur gevestigde koninkrijk waartoe zij behoren. Feitelijk maken elfen deel uit van een grote evolutionaire lijn die parallel loopt met de menselijke evolutie. Net zoals bij mensen neemt de evolutielijn waartoe elfen behoren een aanvang bij uiterst primitieve vormen, om te eindigen bij de hoogste wezens: “engelen” of “deva's” genaamd.

De elfen, die zelf verschillende stadia van evolutie doormaken, situeren zich ergens middenin. Elfen staan ongeveer op dezelfde manier in relatie tot engelen als dieren tot mensen. Bijna alle elfen zijn betrokken bij de verschillende processen in de natuur, wat ik later zal beschrijven, en dit geldt ook voor vele engelen. Alhoewel deze laatsten niet het thema uitmaken van dit boek en enkel aan bod zullen komen in hun verbinding met elfen, zou ik graag aangeven dat we in het algemeen een verkeerd beeld hebben van engelen. Hun bestaan en hun levensstijl zijn in realiteit veel interessanter dan wat het volksgeloof van hen maakt. In tegenstelling tot de conventionele opvatting die engelen afschildert als zouden ze vele soorten deugden hebben maar weinig karakter, zijn zij in werkelijkheid levendige, fascinerende individuen. Het zijn sterke wezens, en helemaal niet negatief of zwak. Eén aspect uit het volksgeloof is wel correct, namelijk dat engelen intelligenter zijn dan mensen. Een behoorlijk aantal onder hen is op dat vlak veruit onze meerdere, en allen zijn het, uiteraard, prachtige wezens. Evenzo zijn veel elfen een pak intelligenter en meer ontwikkeld dan dieren. Ik denk dat elfen als soort meer geëvolueerd zijn dan dieren in het algemeen. Dit wordt duidelijk doorheen het boek als ik specifieke gevallen en voorbeelden zal bespreken.

De laagste wezens uit deze evolutielijn worden “elementalen” genoemd, omdat hun leven slechts weinig organisatie vertoont en zij, vrijwel zoals de elementen, bijna geen gevoel kennen en uiteraard geen denkvermogen bezitten. Ze zijn meestal klein, maar verschillen veel in grootte en nog meer wat hun aard en functie betreft. Het is niet nodig ons diepgaand over hen te buigen, behalve zoals in dit geval wanneer ze spontaan voorkomen in het relaas over de elfen. Zoals het elfenleven, staat het leven van de elementalen ook nauw in contact met de mensheid. Het elfenleven, dat behoorlijk verschillend is van de elementale vormen hoewel zij uit hen voortspruiten in evolutieve zin, heeft vele verbazingwekkende contacten met de mensenwereld. Daarentegen is het niet zo gemakkelijk om als mens engelen te benaderen. De materie waaruit het lichaam van een engel bestaat, is nog fijner dan dat van een elfenlichaam en zo goed als onzichtbaar voor het fysieke oog. Om engelen te observeren moet je verfijnd helderziend zijn, zo subtiel is de materie waaruit ze bestaan. In een volgend hoofdstuk zal ik verder ingaan over de verhouding tussen enerzijds de elementalen, en anderzijds de engelen die aan de top van deze evolutie staan.

Ik wil duidelijk stellen dat ik in dit boek slechts een beperkt aantal elfen heb beschreven van de vele duizenden soorten die er bestaan. Denk niet dat ik ervan uitga dat ik al de elfenvariaties heb gezien. Of ze in zo'n grote getale en in zoveel verschillende soorten te vinden zijn als er insecten, vogels, zoogdieren of vissen bestaan, kan ik niet zeggen, wel dat ze in grote verscheidenheid en overvloedig voorkomen. Ik veronderstel dat elke soort na verloop van tijd een specifieke naam zal krijgen. In feite worden er al zo'n namen gebruikt in de mythologie. Maar ik vermijd liever deze oude termen. Ze worden te vaak geassocieerd met puur geloof en hebben weinig of niets met kennis te maken, waardoor zij ons afleiden van de discussie over elfen als realiteit. Bovendien wekken termen als *feeën, trollen, undinen* en soortgelijke namen vooroordelen op bij mensen, die soms juist zijn, maar soms ook verkeerd. Daarom verkies ik het gros van die oude termen niet te gebruiken en beschrijvende namen te verzinnen volgens wat me nuttig lijkt. Ook heb ik het ganse koninkrijk "de elfen" genoemd. Soms opteert men ervoor deze wezens de algemenere noemer van natuurgeesten te geven en wordt de term *elf* voorbehouden voor een specifieke soort dat thuishoort in bossen en tuinen. Dit taalgebruik is wellicht correcter, maar de term *elf* is zo algemeen verspreid dat ik heb besloten het te gebruiken voor het gehele koninkrijk.

Binnen het elfenrijk heerst een duidelijke onderverdeling die men ook aantreft in het planten- en dierenrijk, en die de vier elementen als basis heeft. Daarom heb ik het beschrijvende deel van dit boek opgesplitst overeenkomstig deze grote natuurlijke elfencategorieën, namelijk de aarde-elfen, de waterelfen, de vuurelfen en de luchtelfen.

Immers, de waterelfen onderscheiden zich duidelijk van de andere groepen elfen en de variëteit aan luchtelfen is net zo verschillend van al de andere als vogels verschillend zijn van vissen en insecten. Aldus ontstaat er een natuurlijke en onvermijdelijke classificatie, al vloeien de groepen over in elkaar, net zoals in onze materiële wereld er sommige vissen zijn die een beetje kunnen vliegen en sommige landdieren die kunnen zwemmen. Maar het blijft niettemin een duidelijke en reële onderverdeling.

Toch bevindt zich tussen al deze wezens één type dat het meest volmaakt de term *elf* karakteriseert. Het betreft de gewone bos- of tuinelf die veelvuldig in dit boekje zal terugkomen. Je kan hem overal aantreffen en hij verschilt van continent tot continent op dezelfde manier als de nationaliteiten bij de mensen voor variaties zorgen. Misschien kan men zich daarom het best in deze materie verdiepen door een beschrijving te geven van één van deze landelfen. Hopelijk kunnen we met zijn hulp en in zijn gezelschap het rijk binnentreden van dit echte, fantastische en vriendelijke volkje.

2

Gesprekken met het Kleine Volkje

Onze wereld bezit reeds een aantal raakvlakken met de elfenwereld. Veel mensen hebben in meer of mindere mate voeling met de ziel van een bos of de grootsheid van een berg. Zij schrijven dit echter grotendeels toe aan uiterlijkheden – het uitzicht, geluiden, gevoelens – terwijl dit fenomeen meestal voortspruit uit de elfenwereld die binnenin actief is. Dichters zoals A.E., James Stevens, Yeats, Tennyson en Shakespeare hebben zowel onze kennis als ons gevoel voor elfen verrijkt. Zij bezaten kennis over deze wereld, échte kennis. Een veel groter aantal mensen dan wat men gewoonlijk vermoedt, heeft een nauwe band met elfen en engelen. De kloof tussen elfen en mensen is bijlange niet zo groot als onze onwetendheid doet veronderstellen. Als we alleen al konden beseffen dat we in een wereld leven die krioelt van elfen, engelen en andere soorten wezens, dan zou dit een enorme verandering teweegbrengen in onze houding en in onze levensstijl. Dit kunnen geloven zou ons vreugde brengen. Kennis en zekerheid zouden na verloop van tijd volgen. Wijzelf zouden ook veel meer tot leven komen. Het is immers onmogelijk om met die wereld in contact te komen, die trilt met het gevoel van levensvreugde, zonder dat we dezelfde geestesgesteldheid vinden, of zonder dat onze eigen creatieve energie wordt gewekt.

Ik was slechts één van de vele kinderen die reeds tijdens mijn eerste levensjaren iets afwist van elfen. Wat mij betreft, heb ik geluk gehad dat deze kennis, mede door een aantal gunstige omstandigheden, niet alleen van blijvende aard was, maar zich ook nog verder heeft uitgediept. De lezer kent misschien zelf dergelijke gevallen. Ik heb vele kinderen ontmoet die elfen zien en nog meer volwassenen die zich de tijd herinneren dat ze dit vermogen nog bezaten. Maar weinigen hebben de moed om hiervoor uit te komen uit schrik dat ze voor gek zullen worden verklaard. Door de manier waarop sommige ouders hun kinderen behandelen, gaan deze laatsten zich defensief opstellen. Een straf ondergaan omdat ze zogenaamd “leugens” vertellen, is niet bepaald een aanmoediging om verder te gaan met het onderwerp. Het zorgt ervoor dat het kind zich schaamt voor een mooie ervaring. Bovendien mogen we niet vergeten dat het hele gebeuren van elfen waarnemen een uiterst delicate bezigheid is. Om zelf in de kracht van het zien te komen, is rust en vrede nodig. Daarnaast zijn elfen bijna zo schuw als wilde dieren wanneer men ze wenst te temmen en aan te trekken. Alles samengenomen is deze opgave niet gemakkelijk voor iemand die onervaren is, zelfs in de best mogelijke omstandigheden, in het bijzonder rond de steden. Voeg hierbij de onwetende vijandigheid van de meerderheid en, wat meer is, een rotsvast geloof dat alleen tastbare materie reëel is, en men begrijpt tegen welke problemen een kind dat elfen kan zien, moet optornen. Gelukkig beseffen meer en meer ouders dat ze de creatieve vermogens en hogere zintuiglijke waarnemingen bij hun kinderen positief moeten onthalen.

Mensen die dicht bij de natuur leven – landbouwers van over de hele wereld bijvoorbeeld – weten dat elfen bestaan. De grote hoeveelheid bronnen die hierover getuigen, maakt dit tot een vaststaand feit dat niet meer te ontkennen is en belangrijke gevolgen impliceert. Dit pleit met andere woorden voor het bevorderen van de communicatie tussen de twee rijken.

Volgend voorval geeft aan welke verstandhouding we allemaal zouden kunnen hebben met elfen. Vele jaren geleden organiseerden enkele vrienden een picknick in het Nationale Park van Australië om mijn veertiende verjaardag te vieren. In het gezelschap waren ook anderen die elfen konden waarnemen. Terwijl we op een bank zaten aan de belangrijkste stroom in het park, bemerkten we vele nieuwsgierige en vriendelijke elfen die achter een struik naar ons zaten te gluren. Dit was ons eerste bezoek aan het park en het rijkelijk vertegenwoordigde elfenleven zette ons ertoe aan om de engel van dit gebied op te zoeken. Hij bleek een bijzondere persoonlijkheid te hebben, was groot van gestalte en had een krachtig en vastberaden voorkomen. Hij was het gewend leiding te geven en zijn plannen te laten uitvoeren, maar deed dit op een volstrekt vriendelijke manier. Hij voelde zich aangetrokken tot één van onze metgezellen die een juweel droeg in de vorm van een kruis, symbool van kracht, met een bijzondere uitstraling van licht. De engel had dit opgemerkt en sprak ons hierover aan. Hij vond het interessant te ontdekken dat we met hem konden praten en dat we elfen konden zien. Hij wilde alles weten over het kruis en sprak de wens uit iets gelijkaardigs te willen bezitten, en vroeg ons of wij hiervoor konden zorgen. Nieuwsgierig als wij waren, vroegen we hem waarom hij zoiets wilde hebben en hij legde het ons uit. Het bleek dat hij deze grote vallei een ziel wilde geven en dat hij daarvoor een plan had. Hij had de vallei in drie stukken opgedeeld. In elk deel wilde hij een verschillende invloed instandhouden. Hiertoe zette hij in en langs het laagste bekken, dat onderhevig was aan het tij, een bepaalde soort elf die men in zee vindt en ook een tussensoort die men aantreft in brak water; hoger, op het land, plaatste hij gnomen en smaragdgroene elfen. Daarboven was een dam en stilstaand water die hij in en rondom voorzag van fijne zoetwaterelfen in lichte poedertinten of turkooisblauw van kleur, met uitgesproken menselijke trekjes; op het daar omliggende land plaatste hij vele hemelsblauwe boselfen en een hoop prachtige vlindervriendjes. Nog hoger stroomopwaarts, waar de begroeiing wild en ondoordringbaar werd, creëerde hij een derde soort atmosfeer met elfen die zich meer afzijdig hielden van de mensheid. Hij wilde het kruisjuweel ergens in het centrale deel van de vallei leggen om een invloedrijk centrum tot stand te brengen voor dit deel van het gebied. Dit idee boeide ons uitermate en we beloofden hem een kruis te zullen brengen van zodra het kon. Dit vooruitzicht beviel hem zichtbaar en hij dankte ons uitvoerig.

We zongen liederen, zoals op elke verjaardag gebeurt, en dit lokte elfen van overal, terwijl de engel toekeek. Zij verdrongen zich rondom ons en waren verwonderd dat er mensen waren die met hen konden praten en die hen waardeerden. Toen het tijd was om te vertrekken smeekten ze ons om terug te komen.

Na verloop van tijd kwam ik samen met een vriend terug, op de dag waarop we met de engel hadden afgesproken om hem het kruis te brengen. We hadden het kruis echter nog niet bij. Nog voor we de afgesproken plek hadden bereikt, vroeg de engel ons waar het kruis was. Ik legde hem uit dat het nog niet was afgewerkt en dat hij nog even geduld moest oefenen.

Hij was verschrikkelijk ontgoocheld, verweet ons onze beloftes niet na te komen, en bedacht dat zoiets nooit zou gebeuren in het rijk der engelen. Hij bleek niet te begrijpen dat er in onze materiële wereld soms vergissingen kunnen gebeuren. Toch bleven we nog even en kregen de gelegenheid vriendschap te sluiten met verschillende leuke elfen die opgetogen met ons praatten. De engel had immers het plan opgevat om de mensen te helpen die met duizenden daar op vakantie kwamen. Hij wilde hen tonen wat schoonheid is en hen een gevoel van rust geven en had daarom de elfen opgedragen om mensen zo vriendelijk en begripvol mogelijk te benaderen. Dit maakte dat de elfen altijd nieuwsgierig waren naar het menselijke doen en laten en één en al oor voor ons die bereid waren hen wegwijs te maken in de merkwaardigheden van het menselijk gedrag. Sommige zaken vonden ze hoogst eigenaardig, zoals vakantiegangers die daar voetbal speelden. Dat er gelopen werd, tot daar aan toe, maar waarom moesten ze onophoudelijk die bal achterna zitten? We slaagden er nooit in om hen dit duidelijk te maken, maar ze begrepen wel dat het om een spel ging. We beloofden de engel dat we terug zouden komen, ditmaal met het kruis.

Wanneer het kruis uiteindelijk klaar was, namen we het mee naar het park. De engel legde uit waar hij het kruis wilde leggen. Na enkele kilometers wandelen kwamen we ter plaatse en ontdekten dat een afschuwelijke en angstaanjagende soort energie hing op de bewuste plek. Ik had een sterk vermoeden dat mensen daar ooit misdaden hadden gepleegd. We raadpleegden de engel hierover, en hij verklaarde dat dit precies de reden was waarom hij het kruis daar wou plaatsen. Hij hoopte die onaangename plaats terug te zuiveren door de straling van het juweel. We smeekten hem om van dit plan af te zien en het juweel op een mooie plaats te leggen zodat het zijn taak kon volbrengen met de hulp van zijn omgeving. Een tweede engel werd bij de discussie betrokken, en uiteindelijk viel de beslissing het kruis te leggen op een zeer mooie, meer centraal gelegen plek. Na dit volbracht te hebben, riep de engel alle elfen van de vallei samen op de bewuste plaats. Met duizenden kwamen ze en voegden zich bij de vele honderden die het volledige gebeuren met grote nieuwsgierigheid reeds hadden gevolgd. De engel legde hen de bedoeling van het juweel uit en hield een ceremonie om dit te vieren. De elfen voerden een trage cirkeldans uit, opgetogen over deze prachtige toevoeging van schoonheid aan hun park. De engel spoorde hen aan om vaak naar deze plaats terug te keren, zich te wentelen in de schittering van het juweel en deze nieuwe invloed zo over het ganse park uit te dragen.

Uiteraard is zo'n voorval zeldzaam. Dit neemt niet weg dat elfen die in tuinen vertoeven, dagelijks in contact zijn met mensen. Wanneer mensen in een tuin komen, weten ze over het algemeen niets af van de elfen die er leven. De elfen weten wanneer er mensen zijn, maar aangezien de mensen niet op hun aanwezigheid reageren, richten ze zich enkel op hun eigen activiteiten. Wanneer wij ons echter hun aanwezigheid inbeelden, zullen we zeker met hen in contact treden. Wanneer we dan nog stoppen om de bloemen en de planten te bewonderen, geeft dit de elfen extra voldoening. Als ze iemand zien die zich sterk aangetrokken voelt tot een speciale plant of bloem, gaat hun volle aandacht uit naar deze bewonderaar, ijdel als ze zijn. Zij denken onmiddellijk dat deze persoon bijzonder vriendelijk is en aldus ontstaat er een mogelijkheid tot contact, als het doen groeien van dingen een gemeenschappelijke interesse blijkt. Liefde voor bloemen en het bewust uitnodigen van de elfen om te helpen bij hun verzorging is een goede manier om deze wezentjes te leren kennen en misschien ook om hen te leren zien. Het is de liefde voor al wat leeft die een grote brug vormt tussen onze twee koninkrijken.

Om contact te zoeken met waterbaby's (dat is de naam die ik hen geef) moet men anders te werk gaan. Zij zijn niet mensenschuw en steeds bereid om dichterbij te komen en vriendschap te sluiten. Doordat ze energie op overschot hebben, wat ik later zal toelichten, zijn zij ongelofelijk goed in staat ons te helpen. Toen ik aan zee woonde, hadden we een prettige manier ontdekt om met deze waterwezens om te gaan. Elke keer we de ferry namen om het water over te steken richtte ik mijn gedachten op de zee-elfen en nodigde ik hen uit om dichterbij te komen. In de waan dat het om een grap ging, waren ze maar al te graag van de partij. We amuseerden ons door op de boot naar iemand te zoeken die er ellendig uitzag. Dan vroegen we één van de waterbaby's om aan die persoon het voor hen zo noodzakelijke gevoel van gelukzaligheid door te geven. De waterbaby zocht enthousiast toenadering tot de betrokkene en doorstroomde hem met geluk. Heel vaak zagen we dan ook het gezicht van die persoon veranderen en verscheen er zelfs een glimlach. Soms bleef de elf bij deze uitverkorene voor een uurtje of zo, totdat deze zich beter voelde (zee-elfen kunnen weliswaar iemand volgen op het land, maar niet langer dan gedurende enkele uren). Zoiets kunnen vele mensen voor zichzelf uitproberen. Waterbaby's houden ervan mensen te helpen, voor hen is dit een avontuurlijke gebeurtenis. Sommige mensen voelen zich na een dergelijke toediening net alsof ze een verfrissende maaltijd hebben gebruikt, zo sterk is het effect ervan op een gevoelige persoon.

Het zijn niet altijd de elfen die de mensen helpen, het kan ook omgekeerd. Ook is het contact tussen onze beide werelden niet altijd even aangenaam.

Er is mij ooit iets voorgevallen in Australië dat dit illustreert. Op een avond gingen we met enkelen wandelen aan de rand van de haven van Sydney waar een lief klein elfje zich schuilhoudt. Bij het naderen van deze plaats ervaarden we op een bepaald punt langs het pad vreemd genoeg een fysieke hitte, terwijl het juist een koele avond was en het overdag niet warm was geweest. Ook hing er een onprettige, griezelige sfeer. We hadden nog niet speciaal aan onze kleine elfenvriend gedacht tot we hem plots razendsnel zagen wegrennen van deze onaangename plaats. Op dat moment zag hij ons ook en haastte hij zich terug, blij en opgelucht dat we er waren. Hij vertelde ons dat hij opgeschrikt was door een aantal zeer onaardige wezens die zijn plaats hadden ingepalmd. We vonden inderdaad vier à vijf grote monsterachtige schepsels met afschuwelijke kleuren en een al even onaangename uitstraling. Ze waren op hun manier aan het spelen en bleven op die plaats rondhangen. Met hun afstotelijke rode kleur, hun monsterachtig hoofd dat een karikatuur leek van bizonhoofden en hun wanstaltige lichamen, waren ze ronduit afzichtelijk. Zij waren de belichaming van een aantal door en door onaangename gevoelens van mensen die op deze specifieke plaats ooit erge gebeurtenissen hadden veroorzaakt. Geleidelijk aan was vanuit deze ongure emotionele lading iets ontstaan dat op die bewuste avond deze elementale vormen had aangenomen. Onze elfenvriend smeekte ons om hulp. We probeerden de beesten te verdrijven, want ze waren niet bijster intelligent en ook niet bepaald van enig nut. Maar ze waren koppig en hoezeer we dit ook wilden, we geraakten hen niet kwijt. Gelukkig ontdekten we dat ze doodsbang waren voor de nabijgelegen zee en met vereende wilskracht slaagden we er uiteindelijk in hen van het land te verjagen. Ze vielen in het water en smolten terstond weg voor onze ogen. Het elfje heeft nooit vergeten hoe we hem toen hebben geholpen. Hij bleef onze vriend zolang we daar leefden.

Hoe dan ook komt het vaker voor dat elfen mensen helpen dan omgekeerd, aangezien elfen zich bewust zijn van ons bestaan en bijna altijd even vriendelijk zijn. Dit terwijl wij hen zelden kennen en wij onderhevig kunnen zijn aan negatieve stemmingen – hoewel zo'n gemoedstoestand in hun nabijheid snel verdwijnt. In feite hangt de manier waarop de elfenwereld de mensen helpt af van een merkwaardig akkoord.

Er bestaat als het ware een ganse afdeling vol hoog ontwikkelde sylfen, tot engelen toe, die aan het werk meedoen. Vele mensen hebben wat men noemt een “engelbewaarder”. Dit is meestal een sylfe die verbonden is met de persoon in kwestie sinds diens geboorte, doopsel of door een andere ceremonie. Engelbewaarders worden verondersteld hun menselijke vriend te helpen, vooral op kritieke momenten, met speciale aandacht voor de kinderjaren, hoewel de verbondenheid later vaak zo goed als verdwijnt. Als mensen zouden beseffen dat deze band bestaat, dan zouden zij deze beter kunnen benutten aangezien een sylfe het gewoon fantastisch vindt om deel te nemen aan het leven van iemand die reageert op de dingen waarin de sylfe zelf is geïnteresseerd. Als de menselijke partner egocentrisch is en enkel interesse heeft voor materiële zaken, dan houdt de sylfe het vlug voor bekeken, niettegenstaande hij bij crisissituaties nog zal helpen. Maar als het kind groeiende interesse vertoont voor wat waardevol is, hulpvaardig is, zich naar de buitenwereld richt en sociaal bewogen is, dan zal de sylfe jarenlang actief aanwezig zijn en hulp verlenen. Soms is de verstandhouding zeer mooi. Gewoonlijk is de sylfe of engel (in de gevallen waar het een engel is) meer ontwikkeld dan de mannelijke of vrouwelijke partner en heeft hij al de voordelen van het elfenleven, namelijk mobiliteit, een instelling gericht op samenwerking en een heilzame vooruitblik op de feiten. De engelbewaarder kan bijvoorbeeld opmerken dat het kind van zijn menselijke vriendin in gevaar is; de sylfe zorgt er dan voor dat het idee van gevaar doorheen de gevoelens van de moeder van de baby flitst, wat haar alarmeert en juist op tijd doet komen om haar baby te redden. Ontelbare kleine dingen – en veelal belangrijke voorvallen die in de vroege levensfase gebeuren – brengen de relatie tot leven.

Tijdens de kindertijd is de relatie tussen beide koninkrijken veel intiemer dan op enig ander moment in het leven. De reden hiervoor is dat kinderen van nature uit dichter bij de elfen staan dan volwassenen. Kinderen zijn uit zichzelf gelukkig en reageren spontaan; ze maken als het ware nog deel uit van de natuur; zij zijn ook een beetje onverantwoord en maken zich weinig zorgen om voedsel en kledij; ze bezitten de opmerkelijke gave om plezier, fascinatie en creatieve vreugde te vinden in kleine dingen zoals een steen, een schelp of een lege doos. Zij interesseren zich ook heel erg voor jonge en groeiende dingen, zijn grenzeloos nieuwsgierig naar al wat binnen hun bereik ligt en kennen geen conventionele tradities in verband met gedrag of moraliteit. Zij zijn avontuurlijk, houden van verkleedpartijtjes en van geheimzinnige en fantastische sprookjes. Om al die redenen staan kinderen qua karakter heel dicht bij de elfen. Dit is waarom tijdens de kindertijd de poorten vaak openstaan tussen de mensen- en elfenwereld en deze in elkaar versmelten.

Onder de volwassenen vindt men meerderen die het elfenrijk min of meer bewust ervaren, maar de enigen waarvan men kan stellen dat ze als groep de relatie met de elfen hebben uitgetest, zijn de zeevaarders. De fysieke condities waarin zij leven, laten evidente sporen na. De uren die 's nachts verstrijken met het houden van de wacht, hun leven dat ze voor achtereenvolgende lange periodes op zee in afzondering doorbrengen in hetzelfde besloten gezelschap, het gevoel afgesneden te zijn van de rest van de wereld – dit allemaal creëert een speciale omgeving. In dat soort milieu spelen elfen evenwel ook een rol. Zeevaarders zijn de enige groep mensen die herhaaldelijk voor lange tijd bijna exclusief blootgesteld zijn aan de aanwezigheid en invloed van twee speciale soorten elfen: deze van de zee en deze van de lucht. Nu verschilt de aard van deze beide wezens behoorlijk van die van de landelfen, zoals ik al heb proberen duidelijk te maken. Is het niet waarschijnlijk dat de traditiegetrouwe aard van de zeevaarder, zijn geloof in het bovennatuurlijke en in de kracht van de elementen het gevolg zijn van deze speciale ervaringen? Het is zo dat mijnwerkers ook onderhevig zijn aan een speciale soort elfenwereld, maar vooreerst maakt deze deel uit van het element aarde en bovendien komen mijnwerkers na enkele uren terug naar de normale invloedssfeer van het aardoppervlak. De zeevaarder raakt echter volledig verzadigd van de joviale doch eigenaardige kracht van de wezens van de diepe zee en de lucht.

Op verzoek heb ik wel eens voor andere mensen elfen geobserveerd en beschreven, in omstandigheden waarin dit zinvol was. Ik ging bijvoorbeeld ooit op elfentocht in Central Park te

New York, op vraag van een stadskrant. Zelfs in onze materialistische wetenschappelijk georiënteerde wereld, blijft de interesse voor elfen wijd verspreid. Ik verwachtte geen elfen te zien, maar toch waren er enkelen, niettegenstaande het nog vroeg in de lente was. Eigenlijk waren ze zelfs vrij interessant omdat ze niet bang bleken te zijn voor de voortdurende aanwezigheid van mensen. Als een persoon dichterbij kwam, ging de elf wel een beetje achteruit, maar hij voelde zich niet bedreigd. Twee soorten elfen waren het duidelijkst vertegenwoordigd. De ene soort was klein, zo'n dertig centimeter groot, en smaragdgroen. Zij beleefden een dolle pret door in een notenboom te klimmen en van de ene tak naar de andere te huppelen, vol vreugde omdat het een mooie, zonnige dag was, en hadden het veel te druk om op mijn aanwezigheid te reageren. Ik zag ook een tweekleurige elf met bruine en gouden tinten die eruit zag als een teddybeer met een dikke kop, die druk in de weer was met enkele struiken. Ik slaagde erin met hem te praten en probeerde hem uit te leggen dat hij in de krant zou verschijnen. Ik vroeg hem of hij iets speciaals wou zeggen. Hij was geïntrigeerd door de gedachte in de belangstelling te staan, maar hij snapte eigenlijk niet wat ik bedoelde. Voor hem betekende een krant een ding dat mensen voor hun neus houden om vervolgens in het park weg te gooien! Waarom ze dit deden en hoe hij in één van die dingen zou kunnen staan om dan op de grond te belanden, ging zijn petje ver te boven. En wat het interview betrof, per slot van rekening was hij daar, de mensen waren daar, hij had ze graag, de kinderen in het bijzonder, en wat was daar speciaal aan? Hij was, vrees ik, een zeer nuchtere elf. Niettemin, zelfs al leverde het elfenleven in het park niets bijzonders op om te vertellen, de vaststelling dat er hoegenaamd elfen waren in de steden was op dat moment hoogst interessant.

Alhoewel elfen in de fantasie van de kinderen verdrongen werden door de meer moderne voorliefde voor wezens uit de ruimte bijvoorbeeld, blijft de mensheid een diepe, instinctieve nood voelen naar hun aanwezigheid. Dit verlangen naar vriendschap en nog maar te weten dat zij bestaan, vindt zijn oorsprong in het feit dat de elfen daar zijn, stil en onzichtbaar voor de meeste mensen, doch zeer nabij. Ze kloppen als het ware met hun elfenhanden op de dunne wand die onze beide werelden scheidt. We kunnen bijna de heldere klanken van hun muziek horen. Het plezier en de schoonheid die zij belichamen, dringt zich aan ons op vanuit elk stukje park, bos of tuin. De hemel en de zee zijn vrolijke drempels die naar hun werelden leiden. Aan elke kant zijn er elfen, en bijgevolg verrukking en geluk. Als volwassenen de eenvoud en spontaneïteit van kinderen konden terugwinnen, zelfs al was het maar een beetje, dan zouden ook zij het verloren land van geluk terugvinden waar het Kleine Volkje woont. De elfen zouden het heerlijk vinden om hun vrienden te worden, en vrienden te zijn waar men altijd op kan rekenen, en die altijd lief zijn.

3

Kenmerken van een elf

Het is niet eenvoudig om gedetailleerd uit te leggen hoe elfen eruitzien, of van wat hun lichaam is gemaakt. Vooreerst zijn er ontzettend veel soorten elfen. Daarom kies ik als uitgangspunt een min of meer typische elf, en zal ik de eigenschappen opsommen die alle andere elfen ook bezitten. Een tweede hinderpaal ligt in het feit dat de meeste mensen moeite hebben om zich niet-fysieke wezens voor te stellen. Nochtans is het wetenschappelijk bewezen dat fysieke materie in essentie niets anders is dan energiepatronen en -golven. Dit besef kan ons helpen om elfenlichamen te zien als gemaakt van flinterdun materiaal, dat nog subtieler is dan het ijlste gas. Het is namelijk zo dat wij, mensen, in onze realiteit nood hebben aan een min of meer robuust lijf om weerstand te bieden aan stress, kwetsuren en druk, wat zich vertaalt in speciale structuren zoals het skelet, de spieren en het zenuwstelsel. De omgeving waarin de elfen leven daarentegen vereist niet diezelfde stevigheid. Zwaartekracht, dichtheid en druk zijn daar helemaal anders zodat er geen behoefte is aan een ingewikkeld en weerbaar lichaam. Dit geldt voor alle elfen, ongeacht hun individuele verschillen.

De andere kenmerken zal ik beschrijven aan de hand van een gewone elf die op het aardoppervlak leeft. De meest typische onder hen is de gewone bos- of tuinelf. Deze soort bevindt zich als het ware middenin de stroom van de elfenevolutie en groepeert individuen van verschillende kleuren en formaten. Zij staan in voortdurend contact met de mensheid, komen bijna overal op aarde voor en werden reeds door veel mensen waargenomen. Daarom is het eenvoudig er eentje uit te pikken voor verdere analyse. In dit geval wordt het een groene elf die leeft in de bossen van New England.

Hij is bij benadering vijfenzeventig centimeter groot, is slank gebouwd, met als opvallend kenmerk een hoofd dat in verhouding tot de rest van zijn lichaam eerder groot is, tenminste als men het vergelijkt met wat gangbaar is bij volwassen mensen.

De materie waaruit zijn lichaam bestaat, kan men in onze wereld het best vergelijken met waterdamp die ontsnapt uit de tuit van een kokende theepot, of een gekleurde gaswolk. Alleen is het gas fijner dan het ijlste gas dat wij kennen en minder snel herkenbaar dan helium of waterstof. Niettemin, juist omdat dit geen chemische maar een levende substantie is, vertoont het een behoorlijk begrensde en blijvende vorm, door het leven zelf gevoed en samengehouden. Deze levenskracht is er ook verantwoordelijk voor dat men in het lichaam twee dichtheden kan onderscheiden. Het feitelijke lichaam is duidelijk smaragdgroen en, rekening houdend met de materie waarvan het is gemaakt, tamelijk dicht van structuur. Hier overal omheen breidt zich een veel dunnere en lichter groene wolk van dezelfde materie uit, waarin het levende karakter van de elf zich minder duidelijk profileert.

Het geheel van deze samenstelling bestaat dus in feite uit bezield, vitaal materiaal, van waaruit gevoelens ontstaan. De bewegingen van onze vriend zijn het gevolg van zijn verlangen om ergens te zijn of om iets te doen. Wanneer hij een emotie voelt, reageert zijn lichaam dan ook onmiddellijk en rechtstreeks, zonder tussenkomst van een ingewikkeld systeem van bloedvaten, spieren en zenuwen.

De doorzichtigheid van de buitenste laag van het lichaam en de ijlheid van het centrale gedeelte, of het feitelijke lichaam, zouden ons kunnen doen besluiten dat de elf niet over een organische structuur beschikt. Toch is dit wel het geval, maar het is veel eenvoudiger, denk ik, dan om het even welk dierlijk fysiek lichaam. Het belangrijkste inwendige orgaan zouden we zijn hart kunnen noemen. Het is een gloeiend, pompend centrum dat ongeveer op de plaats van het menselijk hart ligt en een gouden licht afgeeft. Pompen doet het net zoals een menselijk hart, maar dan enkel in en uit. Wanneer de elf actief is, gaat het hart sneller slaan en het hartritme vertraagt als de elf tot rust komt. Dit orgaan is het centrum van zijn vitaliteit en stuwt levensbelangrijke stromen doorheen zijn lichaam, via een primitief circulatiesysteem dat zowat een combinatie is van bloedvat- en zenuwstelsel.

Zijn hoofd heeft een speciale structuur maar hij laat zich er niet erg door leiden aangezien hij zijn belangrijkste ervaringen opdoet doorheen gevoelens en wat het leven brengt. Op zeldzame keren, wanneer hij nieuwsgierig is en probeert na te denken, zal zijn hoofd een beetje gloeien met hetzelfde soort gouden licht dat vanuit zijn binnenste komt. Omdat hij nooit eet, heeft hij ook geen spijsverteringsstelsel maar hij heeft wel een mond en andere gezichtsorganen.

Vooraleer verder te gaan moet ik u er nog op wijzen dat zijn hartcentrum één bijzonderheid heeft. De elf kan het zelf controleren en het is op deze manier dat hij in contact komt met de dingen rondom hem en meer specifiek met de levende wezens. Wanneer hij wil reageren op een plant laat hij zijn hart kloppen aan dezelfde snelheid als het plantenhart. Deze synchronisatie verenigt hen. Het geheim van het elfenleven is ritme. Elke elfensoort (of het nu een waterelf is, of een elf verbonden met het land, de lucht of het vuur) wordt geboren met diverse ritmische krachten, die beperkt en ook bepaald worden door zijn soort en persoonlijke aard, en waarmee hij het levensritme controleert in functie van zijn verlangens en gevoelens.

Dit hartritme zorgt voor vitaal contact tussen hem en zijn omgeving. Maar zijn gevoelens en reacties op stimuli van buitenaf, werken ook al is hij niet synchroon met de persoon of het wezen in kwestie. In feite heeft hij iets dat overeenstemt met ons zintuiglijk mechanisme. Hij is één en al gevoel en dus krijgt hij niet alleen gevoelsindrukken te verwerken via de specifieke zintuiglijke organen zoals ogen en oren, maar veeleer op een algemene doch levendige wijze via zijn hele zelf. Hij voedt zich met dingen die hem gevoelsgewaarwordingen geven. Hoe dan ook is dit acuter en meer uitgesproken voor bepaalde delen van zijn lichaam. Zo beschikt hij enerzijds over een vorm van ogen en lijkt hij zich om te moeten draaien om de dingen goed te kunnen zien. Anderzijds kan hij zich bewust zijn van iets dat achter hem staat omdat zijn ganse lichaam daarvan de straling voelt. Tot zijn zintuigen behoort een reukvermogen, over gans zijn lichaam: hij laat zich drijven te midden van het parfum van overduidelijk zoetgeurende bloemen. Hij vertoont ditzelfde gedrag ook bij bloemen die naar mijn mening geen geur verspreiden, wat betekent dat hij gevoeliger is voor geuren dan wij, mensen. Hij heeft geen smaakzin – gezien zijn ijle aard eet hij niet – maar hij vangt geluiden op en reageert op muziek. En ook hier doet hij dit met heel zijn lichaam. Hij heeft zoiets als oor-openingen en soms puntvormige oren. Maar volgens mij wordt het geluid met het gehele lichaam waargenomen, en zorgen de oren op één of andere manier voor interpretatie.

De gewone elf vertoont slechts rudimentaire gelaatstrekken. Een elf heeft trouwens niet de gewoonte zoals wij om iemand bij aankomst aan te kijken. Het enige zintuig dat in een speciaal orgaan gelokaliseerd is, is het zicht. De ogen zijn niet goed gedefinieerd en hebben in de meeste gevallen geen oogleden, wenkbrauwen noch wimpers aangezien hij ze niet nodig heeft. Hij heeft meestal een uitwas die lijkt op een neus en in de regel iets wat op oren gelijkt. Zijn mond is een lijn en kromt zich een beetje om zijn gevoelens van amusement en plezier uit te drukken (wat door zijn hele voorkomen in feite veel levendiger tot uiting komt). Maar hij opent bijna nooit zijn mond en blijkt verder geen tanden te hebben. Als hij dan toch lacht, trekt hij zijn mond terug en maakt hij die op een leuke manier langer. Maar er worden geen rimpels gevormd, noch rond de mond, noch rond de ogen. Zijn gezicht heeft een geelbruine tint en is omgeven door een soort van pluizig-groene, mosachtige ragebol.

Opmerkelijk is dat, wanneer men naar hem kijkt van opzij, men vaststelt dat zijn hoofd van voor tot achter bijna even dik is als zijn romp en hij zo goed als geen nek heeft. Een andere merkwaardigheid bij deze gewone boselfen is dat zij ofwel lange benen met een kort lijf hebben ofwel korte benen met een lang lijf. Zij vertonen zelden de voor ons zo vertrouwde verhoudingen.

Wanneer onze groene vriend beweegt, doet hij dit niet al wandelend. Doorgaans zweeft hij van de ene plaats naar de andere. Zijn verlangen of zijn behoefte om ergens te zijn leidt hem naar die plaats. Dit neemt niet weg dat hij, wanneer hij dat wenst, levendig kan rondhuppelen en op en neer springen. Hij heeft benen en armen zonder gedetailleerde vingers of tenen, en niet zelden hebben zijn handen en zijn voeten hetzelfde uitzicht. Al de ingewikkelde spieren en pezen die we zien in de lichamen van de dieren zijn hier niet aanwezig. Hij is slank en gracieus en ongewoon behendig.

Tot zover de gedetailleerde beschrijving van één van de ontelbare leden van het Kleine Volkje. Wat volgt zijn verdere uitdiepingen van wat ik reeds gezegd heb. Zoals ik zal aantonen zijn er ontzettend veel variaties, gaande van minuscuul kleine wezentjes van amper een paar centimeter groot tot enorme monsters.

De individuele elf, zelfs het bijzonder kereltje dat ik zojuist heb beschreven, is in staat om op een bijzondere manier van vorm en afmetingen te veranderen. Zijn lichaam is immers één en al gevoel en vitaliteit en al voelend en ervarend brengt hij deze veranderingen teweeg. Hij kan zich heel klein maken, dit is zo'n twaalf à vijftien centimeter, en hij kan zich doen opzwellen tot hij zo'n anderhalve à twee meter groot is. Maar hij moet dit wel expliciet willen en het is voor hem niet mogelijk om eeuwig en altijd zo groot te blijven. Anderzijds is hij ook niet gebonden aan zijn groene kleur. Zoals hij andere vormen aanneemt, kan hij ook van kleur veranderen. Trouwens, één van de amusantste spelletjes bij de elfen is wat ik altijd “verkleedpartijtjes” noem, waar ze naargelang hun fantasie experimenteren met kleuren, kleren en stoffen.

Zelfs wanneer ze hun natuurlijke kleur aannemen, vertonen de gewone bos- en tuinelf sterke verschillen naargelang de plaats waar ze voorkomen. Naast deze soort met een groen lijf en een geelbruin gezicht (in grote getale aanwezig in New England), heb ik er in Florida gezien met horizontale rode en purperen strepen; in Californië goudkleurige al dan niet onderbroken met zacht getinte strepen; in de noordwestelijke Staten heb ik ze in het blauw gezien en in een delicate lavendelkleur; in het Noorden van Californië in bronskleurige schakeringen alsof ze in een vorm gegoten waren en veelal met speciale tekens die het ganse lichaam omwonden. Aan de Franse Riviera vindt men citroengele en groene elfen, alweer gestreept, maar ook heerlijk blauwe en roze exemplaren met een beetje rood en geel. Van de vele soorten die in India voorkomen, kan ik me in het bijzonder een dieporanje en een rode herinneren. De meest prachtige en courante soort in Java is donkerblauw gestreept met goud. In Australië zijn de meest voorkomende soorten hemelsblauw, maar in de bergen heb ik ook enkele merkwaardige zwarte en rode elfen gezien. Op sommige eilanden van de Zuidzee komen er elfen voor met een oranje-geel dan wel een oranje-wit streepjespatroon. Deze lijst heeft als bedoeling aan te tonen dat deze ene soort van bovenaardse elf alleen al zeer veel verschillende verschijningsvormen heeft. De natuurlijke kleur blijkt verwant te zijn met de begroeiing. In het algemeen is de verschijning in de tropische landen veel helderder.

Deze zelfde gewone tuin- of boself zal dienen als model om een gedetailleerde beschrijving te geven van de plaats die de elfen innemen in de bedrijvigheid van de natuur.

De meest voorkomende bezigheid in de elfenwereld is hun niet aflatende werkzaamheden tussen planten, struiken en andere groeiende dingen. In elke tuin, op elke lap grond waar een plant groeit kan men zien hoe druk ze bezig zijn met het zorgen voor al wat leeft. Wat doen zij eigenlijk precies en welke invloed oefent hun werk uit op plant en dier? Dit zal ik proberen te beschrijven.

Ik moet vooraf wel uitleggen dat een elf niet alles op dezelfde manier waarneemt als wij. Als wij naar een rozelaar kijken, zien wij alleen de vorm van de stam, de bladeren en de bloemen. De elf daarentegen heeft een andere gewaarwording. Op een paar honderd meter afstand ziet hij de rozenknop als een stralend voorwerp, dat ruim groter is dan de fysieke roos die wij waarnemen. Hij ziet het niet als iets dat licht reflecteert maar eigenlijk als een bron van een soort luminiscerend licht dat uit de roos zelf ontspringt. Door dichterbij te komen ontwaart de elf vele details. Bij wat wij het hart van de roos noemen, ziet de elf een duidelijk lichtpunt vanwaar tere lijnen gekleurd licht stralen die vanzelfsprekend overeenstemmen met de fysieke structuur van de rozenblaadjes. Vanuit het hartcentrum stroomt het licht continu langs de contouren van de bloesem. Feitelijk kan men twee belangrijke stromen onderscheiden. Enerzijds onttrekt de plant voedsel, water en kracht aan de aarde, wat een eerste stroom oplevert die via de stam het spijsverteringsproces doorloopt. Voor de elfen ziet dit eruit als lichtstromen. Anderzijds laven bladeren en bloemen zich aan het zonlicht, dit is de tweede stroom, en nemen koolstofdioxide op. Deze twee stromen zijn net lichtspiralen die op- en neergaan in de stam van de struik. Zo komt het dat in de ogen van de elfen de rozenstruik uit gloeiend gekleurd lichtmateriaal bestaat – fijne lijnen die een pak helderder zijn dan in onze visuele perceptie waar de struik een "gewone" bruine, groene en witte structuur vertoont. Het is het hart van de roos dat ervoor zorgt dat al deze energieën netjes over alle rozen worden verdeeld.

> Het ontluiken van een bloemenknopje, het groeien van een blad, de verrassende ontwikkeling van schoonheid in een bloem herbergen fysieke processen die de scheikundige wetenschap zelfs op haar hoogtepunt net zomin zal kunnen verklaren als dat ze nu het verschil kan uitleggen tussen lood en ijzer, tussen water en koolzuur, of tussen zwaartekracht en magnetisme. Een boom is een groter mysterie van creatieve kracht dan de zon, aan wie ze alle energie ontleent. Een levensloze aarde, een zon, evenals ontelbare sterren verbleken bij de aanblik van het wonder dat schuilgaat in een rozenzaadje.
>
> (Kelvin, geciteerd in J. Arthur Thompson, *An Introduction to Science*, p. 150; vrije vertaling)

Bij deze uitwisseling van energie tussen aarde en zon speelt de elf een duidelijke rol. Hij kan beide stromen beïnvloeden, en in het bijzonder de vitale kracht komende van de zon. Hij kan namelijk die stromen her en der wat trager doen verlopen of juist wat sneller, en als hij dat wil kan hij er ook wat vitaliteit uit zichzelf aan toevoegen daar waar hij dat nodig acht. Daarvoor moet hij zichzelf eerst in overeenstemming brengen met de plant door zijn hartcentrum te laten kloppen volgens hetzelfde ritme als dat van de plant. Hij neemt vervolgens wat afstand om in te schatten wat dient te gebeuren. Dan gaat hij aan de slag. Hij springt en huppelt over de hele plant en laat vanuit zijn handen licht in de plant stromen. Op deze manier verandert en stelt hij het leven van de plant bij. Hij houdt van de bloemenpracht, zodoende wordt hij daar een stuk door in beslag genomen, maar zijn belangrijkste taak is ervoor te zorgen dat de plant zo goed mogelijk gedijt in de bestaande omstandigheden. Dat zal hem zowat tien à twintig minuten druk bezighouden.

Voor hem is dit een zware taak. Na die te hebben voltooid zal hij vermoedelijk de plant verlaten, enkele buitelingen en sprongen in de lucht maken, zich kostelijk amuseren puur uit levensvreugde, om daarna zijn werk verder te zetten.

Men kan zich terecht afvragen of planten zouden groeien zonder de hulp van elfen. Zeer waarschijnlijk wel, maar de tussenkomst van elfen (net zoals de zorg die ze van mensen krijgen) leidt tot een weelderigere groei. Ongetwijfeld groeien planten vanuit een innerlijke drang om te leven en zich voort te planten, volgens de wetmatigheid die overal in de natuur actief is. Dit neemt niet weg dat de hulp van elfen even onontbeerlijk is voor de volle ontplooiing van de plant als ploegen van belang is voor de teelt van maïs op het veld. En wat heeft de elf zelf te vertellen over zijn werk? Hijzelf vindt zijn job heel belangrijk. Hij voelt zich verantwoordelijk voor het doen en laten van de plant en laat zich met een koesterende trots uit over de bereikte resultaten. Bovendien is hij verantwoording verschuldigd aan de elf die boven hem staat en die met tussenpauzes komt kijken hoe de zaken evolueren. Ik sta soms versteld hoever dit soort werk reikt. Zelfs in serres bijvoorbeeld heb ik kunnen gadeslaan hoe een elfensoort zich ontfermde over kleine plantjes. De elfen die daar actief zijn, behoren weliswaar tot een kleinere soort, maar het werk dat ze uitvoeren, is gelijkwaardig.

Eigenlijk is een elfenleven één en al spel in verschillende gradaties. Hij ervaart werk eerder als iets plezierigs dan als een taak die hem wordt opgelegd. Zelfs in de zuiverste spelvorm is hij een heel nuttig schepseltje aangezien het geluk dat hij uitstraalt vaak mensen en andere wezens spontaan blij maakt wanneer zij in zijn invloedssfeer komen, ook al zijn zij er zich niet van bewust dat elfen bestaan.

Spelen neemt de vorm aan van springen, huppelen, nieuwsgierig gluren in vogelnesten en geweldig geïnteresseerd zijn in alles wat het leven te bieden heeft. Elfen kennen alle naburige vogels en dieren persoonlijk en zijn diep met hen begaan. Kattenkwaad is een neiging die ze goed ontwikkeld hebben, er worden met andere woorden behoorlijk wat grapjes uitgehaald. Het is niet ongewoon dat een elf het territorium van een ander binnensluipt, er zonder te verpinken het werk overneemt, om er dan al grappend en grollend uitgezet te worden. Zij bezitten de gave om via hypnose suggesties te creëren bij dieren waardoor een konijn of een eekhoorn het voedsel dat ze willen vangen juist missen. Dit soort dingen zijn gewoon als grapjes bedoeld. De dieren geraken er niet door geïrriteerd en voelen zich door deze plagerijen ook niet echt geviseerd. Groepjes boselfen kunnen op deze manier ook mensen een beetje voor de gek houden, maar over het algemeen laten de elfen ons mensen met rust. Van tijd tot tijd gaan ze samen zitten om anekdotes te vertellen, wat uitmondt in een wonderlijk spektakel. Een elf heeft immens veel aanleg voor mimiek en een bijzonder gevoel voor drama. Als groep organiseren ze vertoningen waarin ze talentrijke gevoelsgeladen prestaties leveren voor hun gezamenlijk amusement. Zoals reeds eerder vermeld is de elf niet alleen in staat om van vorm te veranderen, maar ook om zichzelf in prachtige gewaden te hullen door het dichtere deel van het materiaal waaruit hij is opgebouwd, via wilskracht, om te zetten in een denkbeeldig kledingstuk. Dit vergt enige inspanning en concentratie, en neemt een aantal minuten in beslag als hij bovendien ook van vorm wenst te veranderen. De denkbeeldige kledij blijft zichtbaar zolang hij moeite doet om zijn gedaanteverandering vol te houden. De meeste elfen zijn echter niet zo sterk in het zich concentreren en slagen er dus niet in de schijn lang hoog te houden. Wegens deze concentratieproblematiek, die doorgaans gepaard gaat met een gebrek aan grondige voorbereiding, ontbreken vaak hele delen van hun vermomming, of een ledemaat, of een ander belangrijk onderdeel, met alle lachwekkende gevolgen vandien. Wanneer de onvolmaaktheden ronduit overdreven zijn, geven ook de elfen hun plezier luidkeels te kennen, dit terwijl de slecht vermomde elf zelf vrolijk blijft rondhuppelen. Iedere reden om plezier te maken is immers goed. Als er eentje dan plotseling door gebrek aan concentratie weer zijn gewone verschijningsvorm aanneemt, is dit vaak reden genoeg om de ganse voorstelling op te schorten. Maar wanneer een vertoning goed op gang is, gaan zij er helemaal in op en dartelen blij rond. Net zoals een gedroomde vaudeville, zonder uitgewerkt dramatisch thema. Het is een mengelmoes van fake, doen alsof en doen wat je wilt.

In Australië zag ik eens een gelijkaardig amusant voorval. In het maanlicht speelden vier à vijf elfen. Ze vertelden elkaar verhalen, verkleedden zich en brachten stukjes uit hun verhalen ten tonele. Een elf had zich verkleed in wat hij zich voorstelde een koning te zijn, volgens een beeld ontleend aan een sprookjesboek dat hem onrechtstreeks door de gedachte van een kind was doorgegeven. Hij probeerde er belangrijk en streng uit te zien en zich ook zo te voelen door weidse armbewegingen uit te voeren. Maar net op het ogenblik dat hij een bijzonder majestueuze en ernstige indruk moest maken, vergat hij zijn kroon en zijn koninklijke kleren die terstond van hem vielen in een vernietigend effect van onthulling dat zo totaal was dat de anderen in het rond rolden van pret. Anderen herinnerden zich opeens dat zij een optocht van vrijmetselaars hadden gezien, naar aanleiding van het plaatsen van een hoeksteen, en probeerden dit na te bootsen. Ze stapten plechtig in het rond getooid met de ornamenten die ze zich konden herinneren en voerden een komedie op die hun begrip volstrekt ten boven ging. Toevallig kende ik een aantal mensen die het oorspronkelijk vrijmetselaarsritueel hadden meegemaakt en ik kon alleen maar vaststellen dat de karikaturen die de elfen van hen hadden gemaakt heel natuurgetrouw waren met een effectief spottend tintje.

Een andere bron van plezier voor een elf bestaat erin een groep vrienden een verhaal te vertellen dat hij zelf heeft verzonnen. De bedoeling is het verhaal steeds ongeloofwaardiger en wilder te maken, wat aanleiding geeft tot een soort "wedstrijd in verbeeldingskracht" waar perfect hilarische effecten alterneren met plotse momenten van grote ernst. Ik veronderstel dat dit soort leven dat, volgens de laatste onderzoekingen, één en al plezier is niet zou kunnen rijmen met de ernstige en prestatiegerichte mensheid. Maar we dienen in te zien dat elfen, net zoals kinderen, een overschot aan energie hebben. Zij worden niet beteugeld door de publieke opinie zoals wij. Integendeel hùn publieke opinie stemt voor deze manier van leven!

4

Het elfenleven

Eén van de belangrijkste verschilpunten tussen de menselijke ervaringswereld en die van de elfen, of van een lid van het engelenrijk, is dat wij in een wereld leven waar *vorm* belangrijk is en dat bij hen alles draait rond *leven*. Onze gedachten laten zich in de eerste plaats leiden door de vorm die de dingen aannemen en reiken zelden verder. Maar de aandacht van elfen is voornamelijk gericht op de energie en het leven die rondom en doorheen de vorm stroomt – leven dat overal aanwezig is. Als wij bijvoorbeeld naar een boom kijken, reageren wij op zijn grootte, zijn vorm, zijn kleur, zijn bladeren en zijn vruchten. Deze dingen samen bepalen voor ons zijn schoonheid. Maar als men erbij stilstaat, is dit eerder een beperkte manier om de wereld waarin wij leven te bekijken. Een elf daarentegen neemt eerst de geest van de boom waar en reageert op zijn levensenergie. Voor een elf is de boom een levende, ademende persoonlijkheid die zichzelf tot uitdrukking brengt in een vorm die wij zien. Vervolgens heeft een uitwisseling van gevoelens plaats, een gezamenlijk reageren, tussen de elf en de boom. Dit maakt dat elfen een leven leiden dat veel minder beperkingen kent dan het onze en veel interessanter is. Wij mensen laten ons zo beteugelen door de grenzen van onze zintuigen dat we veelal te snel oud worden uit pure verveling door het verschrikkelijk monotone, en statische van de wereld die ons omringt. We voelen iets voor de huisdieren waar we dol op zijn, zoals onze honden en katten, en een paar uitzonderlijke mensen kunnen een soort van persoonlijke vriendschapsband ontwikkelen met bomen en bloemen. Maar de verhouding tussen de elfen en de wezens die rondom hen leven is zo verschillend dat er als het ware sprake is van een nieuwe bestaansorde. Dit is een belangrijk punt dat ik graag verder wil verklaren.

Het grootste deel van onze wereld bestaat uit onbezielde voorwerpen of dingen die een doodse indruk maken. Niet alleen hebben we geen besef van het ware leven van dieren, planten en stenen, maar we zijn omgeven door, en onze levens zijn vol van *dingen* – zomaar *dingen* – zoals stoelen, tafels, voedsel, pc's, auto's en tv's. Onze wereld is er één van *voorwerpen*. Een elf heeft echter nog nooit iets van die aard meegemaakt. Hij leeft in een wereld waar elk grassprietje en elk blad trilt met een gevoel van in leven te zijn, waar zo goed als alles zichzelf uitdrukt in één of andere vorm van ritme. Gras vertoont een zekere vorm van pulserend leven, elke boom is een individuele vriend en bloemen, vogels, insecten en vissen liggen een elf even nauw aan het hart alsof het zijn eigen kinderen waren. Bovendien leeft de elf in een wereld van vriendschap, samen met duizenden wezens die geen fysieke vorm hebben. Alles, van vlinders tot de bladeren die door de wind worden voortgedreven, is vervuld van ongebonden, vrolijk leven. Een elf neemt dit waar en voelt zich met hen verbonden juist door in leven te zijn. Zijn wereld volgt de cadans van zijn belangrijkste kenmerken: leven, beweging en gevoel.

Eén enkele aandachtige blik op de wereld waarin de elfen leven volstaat om deze unieke kwaliteit over te dragen. Het is niet een wereld van grensvlakken – zoals huiden en schillen en schorsen – met duidelijk omschreven randen en identiteiten – maar een toestand waarbij alles op een verrassende manier in elkaar overvloeit: niets is statisch; alles is dynamisch. Laten we beginnen bij de elf zelf. Een elf heeft een min of meer wolkachtige figuur zonder huid. Als je hem zou proberen aan te raken, zou je geen punt tegenkomen waarbij je kunt zeggen: “Dit hier is zijn buitenste laag.” Zijn dichtheid wordt weliswaar groter naarmate je hand zijn lijfje binnendringt en zich richting centrum beweegt, maar dit is een geleidelijke toename. Geen huid of vacht bakent zijn silhouet af. Dit is ook de manier waarop hij de bomen, het gras en al het overige in zijn wereld ervaart. Het zijn voor hem precies lichtzuilen of schitterende kleurvlekken die versmelten in hun omgevingsveld, zich ermee vermengen en tenslotte vervagen. Hij leeft als het ware in een vloeibare wereld waarin de wezens vormen hebben die voldoende begrensd zijn om waargenomen te kunnen worden, maar permanent schitteren, doorzichtig en in verandering zijn en zich met elkaar vermengen.

Doordat zijn leefwereld met het leven trilt, bekijkt de elf de dingen op zijn eigen manier, die veel eenvoudiger is dan die van ons. Elfen hebben een veel grotere realiteitszin dan wij. Zij kennen geen complexe, ingewikkelde gevoelens en ideeën zoals wij, omdat ze niet weten wat bezit, angst of nijd is. Zij zijn vrij van illusies en bezitten de capaciteit om de dingen helder te zien en onmiddellijk tot de essentie te komen. Het is waar dat ze spelen en zich verkleden en doen alsof, maar ze zijn zich altijd van hun handelingen bewust. Dit is voor hen plezier maken, niet een manier om aan de benauwde werkelijkheid te ontsnappen. Deze realiteitszin maakt hen verbazend direct. Ze hebben niets te verbergen en hoeven zich ook voor niets of niemand te verstoppen. Als een bos moet worden platgebrand dan proberen zij zichzelf niets wijs te maken. Zij aanvaarden de onaangename dingen (relatief weinig in aantal) samen met het veel groter aantal plezierige ervaringen.

Bovendien is er een andere merkwaardige tegenstelling tussen elfen en mensen. Wij leven in wakende toestand in een dichte fysieke wereld waarin onze verbeelding en onze gevoelens weliswaar een rol spelen, maar deze is gemaakt en begrensd. Dichte materie belemmert de elfen echter niet. De ruwste vorm van materie die in hun lichamen voorkomt, is fijner en subtieler dan de ijlste gassen die wij kennen. Het staat eigenlijk heel dicht bij emotie, zodat, wanneer ze iets voelen dit hun ganse lichaam doordringt en doorstroomt. Eigenlijk doen zij bijna niets anders dan emoties voelen, en ervaren wat het is in leven te zijn.

Met uitzondering van een paar meer geëvolueerde soorten, bezitten elfen niet veel geestelijke kracht. Hiermee bedoel ik niet dat ze niet intelligent zijn, maar zij hoeven niet te vechten voor hun bestaan of zelfs om volmaakt gelukkig te zijn. Zij hoeven zich geen zorgen te maken over de ontberingen van het fysieke leven, zoals armoede, honger, dorst en huisvesting. Ze hebben helemaal geen geld nodig, noch is er iemand die van hen afhankelijk is.

Bijgevolg verschilt hun ganse levensdoel sterk van het onze. Zij staan inderdaad op dezelfde manier in relatie tot engelen als dieren tot mensen, en het is ook zo dat dieren eenvoudige behoeftes hebben en niet gemotiveerd zijn zoals wij. Maar dieren worden omgeven door natuurlijke vijanden, terwijl elfen te midden van natuurlijke vrienden leven. Zo brengen zij vrolijk en gelukkig hun tijd door met interessante bezigheden. Zij bekommeren zich niet om de dag van morgen. Hun enige doel is elke dag nog meer van de volheid van het leven te genieten.

Zij zijn er zich echter van bewust dat zij deel uitmaken van een groter samenhangend geheel. Dit geeft hen een gevoel van zekerheid. De engel is altijd aanwezig om hen te begeleiden en aan te moedigen zich verder te ontwikkelen. Voor de engel die verantwoordelijk is voor hun leven en werk, voelen zij eerbied en ontzag (maar absoluut geen angst). Ik vroeg ooit aan een bevriende elf wie zijn meerdere was die belast was met de zorg voor zijn district. Het was plezierig om zijn antwoord te zien. Hij schoot een meter in de lucht om zijn genoegen uit te drukken bij de gedachte aan iemand die zover boven hem stond en voor wie hij zoveel vriendschap voelde. En om zijn respect voor hem nog eens extra in de verf te zetten, boog hij verschillende keren diep voorover totdat zijn hoofd zijn tenen raakte, om mij duidelijk te maken hoe belangrijk die engel wel was.

Dit voorval toont de lichtheid en het geluk aan waarvan alle gevoelens, zelfs de eerbiedvolle, van de elf doordrongen zijn. Bij mensen heerst een systeem van moraliteit dat een zeer ernstige levenshouding inhoudt – een morele code van regels met angst voor bestraffing. Uiteraard hebben elfen geen flauw idee wat dit betekent. Zij zijn de beste illustratie van deze prachtige woorden van Jezus: “Aanmerkt de leliën des velds, hoe zij wassen; zij arbeiden niet, en spinnen niet; En Ik zeg u, dat ook Salomo, in al zijn heerlijkheid, niet is bekleed geweest, gelijk een van deze” (Mattheüs 6:28-29; Statenvertaling). Onze normen met betrekking tot wat juist is en wat verkeerd, zijn helemaal niet van toepassing voor deze kleine lieden. Er is geen besef van goed of kwaad in hun wereld, alleen een grote liefde voor schoonheid en perfectie. Dit is wat elk van hen probeert na te streven in alles wat ze ondernemen: de ideale schoonheid in al zijn glorie en volmaaktheid. Maar dit streven naar schoonheid vergt van hen geen inspanning of strijd, het is eerder een stimulus en een immens plezier. Volgens mij is het deels dit constant innerlijk verlangen naar schoonheid dat deze wezens zo stralend gelukkig maakt. Zelf zijn ze niet perfect. Zij kunnen kortstondig boos zijn, of jaloers, maar dit verdwijnt snel. Een negatieve emotie kan ons binnenin vergiftigen zoals een etterende zweer, maar elfen kennen geen gevoelens die in hen bezinken tot ze hun leven vertroebelen.

Wat bij hen het meest naar angst neigt, is hun gevoel naar de mensheid toe. Weliswaar bestaan er lelijke dingen in hun eigen koninkrijk die weerstand bij hen oproepen. De waterbaby's gaan bijvoorbeeld liever uit de weg voor de gorilla-achtige wezens uit de diepe zee, die tenslotte in dezelfde wereld wonen en tot hetzelfde element behoren. Maar het is niet omdat ze er afkerig van zijn dat ze er schrik voor hebben, omdat zij hen verstaan. Veel dingen die betrekking hebben op mensen echter, begrijpen elfen niet. Onze motieven zijn voor hen heel vreemd, en ze weten nooit hoe wij op iets zullen reageren; daarom bekijken zij mensen met een bepaald gevoel van angst, aangezien wij in hun ogen vaak zo zinloos wreed kunnen zijn tegenover de natuur waar zij zo van houden. Om een voorbeeld te geven: het doden van prachtige vogels en wilde dieren, en het leed dat deze wezens doormaken voor ze sterven, schokken de elfen. In de natuur is doden een snel proces, zonder veel lijden. Maar mensen die uitsluitend voor het plezier doden terwijl dieren zo afzien, wekken bij elfen een bijzonder afgrijzen op. Geweren zijn instrumenten die elfen niet kunnen begrijpen en de luide knallen zijn schokkend voor hen, en angstaanjagend.

Af en toe heb ik elfen gezien die een hechte persoonlijke band hebben met elkaar. Meestal zijn dit twee wezens van dezelfde soort, zoals twee waterelfen of twee landelfen. Het tweetal gaat samen op stap, werkt samen en is onafscheidelijk. Het is vertederend om te zien hoe ze hun armen rond elkaar slaan om hun genegenheid uit te drukken. Ze bespreken hun werk, tonen een ijverige en gemeenschappelijke interesse voor details en hebben toch zo'n plezier als ze samen spelen. In tegenstelling tot dieren, die zichzelf voortplanten, worden elfen tot leven gewekt door engelen. Daarom bestaat er bij elfen, meer bepaald bij hen die onderaan de middelste trap van hun evolutie staan, niets dat gelijkt op seks, maar er is een gevoel van complementaire sympathie. Dat betekent dat een elf van het positieve type iets speciaals voelt voor een elf van het meer passieve type. Bijvoorbeeld, er zal een bijzonder gevoel van sympathie zijn tussen een bepaalde eik en een naburige berk. Dit gevoel is helemaal anders dan wat de eik voelt voor zijn soortgenoten. Deze bomen leiden echter een rustiger bestaan dan de vluchtige elf.

Jaloersheid is bij elfen geen onbekend fenomeen. Ik heb ooit geweten dat twee elfen die dol waren op elkaar jaloers waren van een derde elf die teveel aandacht opeiste. Ik herinner me zo'n geval waar de band tussen twee groene elfen verbroken werd door de komst van een blauwe elf. Eén van de groene elfen kwam bij mij en deed daarover zijn beklag. Hij wilde zijn vriendin voor hem alleen en hij strooide jaloerse groene gedachten rond, grappig eigenlijk. Het ene moment stapte hij woedend rond, nog geen minuut later merkte hij iets leuks op waardoor hij opfleurde en zijn ellende vergat, om met een huppelsprong uiting te geven aan zijn geluk. Zelden kan een elf een gevoel als jaloersheid langere tijd vasthouden. Uiteindelijk vertrok de blauwe rustverstoorder met iemand van zijn eigen soort en de vrede werd hersteld.

Ik heb ook gevallen gezien waar elfen hun jaloezie met betrekking tot mensen op verschillende manieren uitdrukten. In Australië bijvoorbeeld had ik een elfenvriend die ik vol genegenheid Lief Klein Kereltje noemde. Ik vernoemde hem reeds in hoofdstuk 2. Aangezien ik heel erg op hem gesteld was, praatte ik vaak uitsluitend met hem. Het gebeurde vaak dat de elfen rondom hem heel erg jaloers werden omdat ik alleen met hem praatte en op het eerst gezicht geen aandacht schonk aan de rest. Bij een bepaalde gelegenheid stond een kleine groene kaarsenelf me op een afstand van ongeveer vijfhonderd meter kwaad aan te kijken. Hij was woedend omdat ik hem en zijn werk niet had opgemerkt en hij voelde zich zo superieur tegenover de andere elfen van zijn soort dat hij door mij geprezen wilde worden. Hij vond zichzelf werkelijk heel bijzonder. Meerdere keren heb ik in de tuin één speciale bloem bewonderd zonder acht te slaan op de andere en de elfen die verantwoordelijk waren voor de rest van de tuin voelden zich geringgeschat terzijde gezet. Maar dit soort gevoelens duurt meestal niet lang. Elfen, net zoals dieren en kleine kinderen, koesteren geen wrok.

Elfen zijn soms in gedachten verzonken, als er bijvoorbeeld iets mis is met de planten die ze verzorgen en ze begrijpen de oorzaak niet. Dan zullen ze pauzeren om erover na te denken. Interessant is het geval van een koffieboom die verplant werd van zijn geboorteland in Costa Rica naar de tuin van één van mijn vrienden in Californië. Vanzelfsprekend hadden de

Costa Ricaanse elfen de boom niet vergezeld en toen de boom zijn intrede deed in de Californische tuin waren de daar wonende elfen nogal verbijsterd en wisten ze niet goed hoe ze deze boom het best zouden kunnen helpen. Ze richtten een soort kliniek voor hem op. Maar geruime tijd maakte de struik geen vooruitgang, zodat de elfen die hem verzorgden erg bezorgd werden. Zij slaagden er echter in om advies in te winnen, zodat de kleine boom een nieuwe start kon nemen en het weer goed stelde.

Zoals ik reeds aanstipte, functioneren elfen vooral op het emotionele niveau. Hun aandacht gaat voornamelijk uit naar de dingen die hen speciaal werden toevertrouwd (en dit zal wel voor een groot deel instinctief zijn), maar zij hebben duidelijke gevoelens omtrent alle soorten zaken. Hun levenshouding is gebaseerd op het voelen eerder dan op het denken. Hun hele wereld, en de stof zelve van waaruit ze bestaan, is eerder bezield en emotioneel, dan fysiek en logisch. Daarom spreekt het voor zich dat zij even competent zijn om te voelen, als wij in staat zijn fysieke dingen te vormen en te controleren. Over het algemeen, zoals ik reeds eerder vermeldde, zijn deze gevoelens positief en liefdadig, maar soms zal een individu wel eens rebelleren, buitensporige ideeën koesteren, weigeren te werken of zelfs ruzie stoken met zijn buren. Ik ken geen enkel geval waar een ganse groep in opstand kwam. De enkeling die herrie schopt, wordt gemeden door zijn makkers. Hij wordt verbannen. Een vriend van mij observeerde een extreem geval waarbij een elf onophoudelijk ruziede met zijn buur. Uiteindelijk zorgde de engel die hem onder zijn hoede had, in samenspraak met een andere engel, voor zijn overplaatsing, en de opstandeling werd naar vele kilometers verder weggestuurd. Hij treurde een tijdje maar hij herpakte zich en voelde zich algauw weer gelukkig. Zulke extreme gevallen moeten heel zeldzaam zijn, want ik heb er nooit één gezien. Natuurlijk zijn elfen niet gebonden aan één plaats of één tuin en zo nu en dan steekt er ééntje het in zijn hoofd om ergens anders heen te gaan. Dit is allemaal gemakkelijk, natuurlijk en tot op zekere hoogte gebruikelijk. Iemand die een mooie tuin heeft, zijn bomen en planten liefdevol verzorgt en misschien zelfs bepaalde gevoelens koestert voor het innerlijke leven van de planten, zal veel meer leden van het Kleine Volkje aantrekken dan iemand die hier onverschillig tegenover staat.

Alle elfen houden van jonge wezens – kinderen, konijntjes, katjes, visjes of boompjes. Jeugd oefent een bijzondere aantrekkingskracht op hen uit, deels denk ik omdat er een band van sympathie is, en deels omdat beiden vol zijn van plezier en geluk. Kinderen, en trouwens al wat jong is, staan zeer open voor elfen. Elfen houden van kleine kinderen, kijken naar hen met vurige interesse en groot genoegen, en proberen zelfs hun spelletjes na te bootsen. Hetzelfde geldt voor jonge herten en konijnen. De elfen kijken naar hen uit, en ik denk dat vele jeugdige wezens elfen kunnen zien, omdat zij dichter bij de kringloop van de natuur staan dan wij, en hun gevoeligheden niet zijn afgestompt. Tijdens de lente kennen de elfen elk hert, elk konijn en elke eekhoorn. Zij proberen hen zoveel mogelijk te beschermen door hen ideeën in te prenten en hun instincten te versterken. Het is een mooi zicht als een elf zich amuseert door bijvoorbeeld samen met dartelende lammetjes rond te springen om hen aan te moedigen. Er is een innig gevoel van verwantschap en vriendelijkheid. Eén van de meest intense relaties is degene die bestaat tussen elfen en vogels – jonge vogels in het bijzonder. Zij zullen rondspringen om de aandacht te trekken van een worm, en vinden ze een worm of larve die schadelijk is voor de tuin, des te beter voor de elf en des te jammer voor de Heer Worm.

De diverse elfenklassen – water, land, vuur en lucht – bekijken de wereld niet precies vanuit hetzelfde oogpunt, omdat hun interesses verschillen. De gebruikelijke aandacht bijvoorbeeld die landelfen voor mensen koesteren, is bijna helemaal afwezig bij de andere elfensoorten. Landelfen zijn vertrouwd met onze (voor hen) onverklaarbare gewoontes en nemen een soort van verlegen, twijfelachtige houding aan jegens ons, terwijl de andere elfen ofwel onverschillig zijn, ofwel nieuwsgierig of zelfs vijandig reageren. Landelfen bewegen zich veel minder vaak over grote oppervlaktes dan lucht- en waterelfen en in bepaalde opzichten hebben ze meer zelfvertrouwen en zijn ze individualistischer. In feite lijkt het verschil tussen water- en landelfen veel op het onderscheid dat bestaat tussen water- en landdieren. Waterelfen hebben de neiging om zich in grotere groepen voort te bewegen, terwijl landelfen liever in kleinere kringen vertoeven en meer uitgesproken persoonlijkheden tellen. Landelfen hebben ook meer verbeelding, en willen in dat opzicht graag wat meer op mensen gelijken en hun handelingen nabootsen omdat ze ons vreemd en amusant vinden. Zij begrijpen ook dat menselijke wezens hun meerdere zijn op intellectueel vlak.

Ritme speelt een belangrijke rol in het leven van alle elfen. Het ritme dat de gevoelens van de elfen aan de oppervlakte van de zee overheerst, is dat van de op- en neergaande golven. Natuurlijk heeft elke grote elfengroep een zeker bewustzijn van het element waarin zij leeft. Men kan zeggen dat een groep een waterig gevoel heeft, een ander een vurig gevoel, enzovoort. Maar elke klasse heeft ook iets in de fysieke wereld waaraan ze een zekere geaardheid ontleent.

In het geval van de waterelfen, geven de golven hen een fijn gevoel van doeltreffendheid. Zij zijn voortdurend in beweging, net zoals het zeeoppervlak zelf. En net zoals de zee één grote massa is zonder veel verschillen te vertonen in materie, zo ook vormen de zee-elfen één homogene groep. Elfen die verbonden zijn met een meer hebben in essentie ongeveer dezelfde ervaring. Bij elfen die rond beken en rivieren vertoeven, is het de stroming van het water die aan de basis ligt van hun activiteit.

Luchtwezens worden gekenmerkt door hoogte, grote afstanden en het gevoel bijna compleet vrij te zijn van enige lichamelijke band. Dit is misschien de reden waarom zij zo sterk ontwikkeld zijn. Zij kennen geen materiële noch ruimtelijke beperking doch zijn tevens minder duidelijk wat hun vorm en uiterlijk betreft.

Salamanders, of vuurelfen, zijn evenmin afhankelijk van de invloed van de mensheid, maar zij zijn toch nog gebonden aan een fysiek fenomeen. Gevoelens van vuurelfen hebben iets verfrissends en zuiverends. Het element waartoe zij behoren, vormt een soort poort tussen twee werelden. Daarom lijkt het alsof zij op het grensgebied staan en aan beide deelnemen. Het uitzonderlijke gezichtspunt dat hen dit oplevert, is moeilijk te beschrijven. Ze zien het leven als een continu binnen- en buitenstromen van vormen en staan als het ware bij het hart van de alchimie van de natuur.

Over het algemeen hebben elfen slechts een vage voorstelling van God, voor zover ze er al één hebben, die (als ze al eens over dit onderwerp nadenken) voor hen de basis vormt van het geordende Universum, waarin zij zich voelen leven. Uiteraard krijgen elfen niet hetzelfde leed te verwerken als wij. De strijd om het bestaan, welke de grootste oorzaak is van het leed in ons mensenleven kent geen tegenhanger in hun wereld. Zij lijden in mindere mate als de dingen verkeerd lopen, maar uiteraard is dit geen echt leed in onze betekenis van het woord. Ik denk niet dat zij in grote mate pijn ervaren, niettegenstaande ze beseffen dat dit bestaat, aangezien ze het waarnemen bij dieren en andere wezens. Soms wensen zij mens te worden; dergelijke gevallen zijn bekend, en het is enkel dan dat zij onze problemen en moeilijkheden voelen. Zij bewonderen ons op vele manieren en mochten we lief zijn en hun bestaan appreciëren dan zouden zij met veel plezier onze vrienden zijn.

Alhoewel elfen slechts weinig over God weten, hebben zij een nogal vage maar mooie voorstelling van hogere wezens in het evolutionaire plan, zoals hun eigen engel, die voor hen het meest wijze en meest serene wezen ter wereld is.

5

Aarde-elfen

Aarde-elfen vormen over het algemeen genomen een zo grote, ingewikkelde groep dat ik het moeilijk vind om slechts één hoofdstuk aan hun beschrijving te wijden, zonder het onderwerp onrecht aan te doen. Maar als ik de belangrijkste soorten vermeld en enkele exemplaren meer in detail beschrijf, kan de lezer zich op zijn minst een beeld vormen van deze wezentjes.

Vooreerst moet ik uitleggen dat men, binnen de elfen die verbonden zijn met het element aarde, vier belangrijke soorten kan onderscheiden. Ten eerste zijn er wezens die aan de oppervlakte leven en wezens die zich in de ondergrond bevinden. Elke groep is op haar beurt onderverdeeld in twee klassen, naargelang ze al dan niet een fysiek lichaam bezitten. Zo leven aan de oppervlakte elfen mét fysiek lichaam, waarvan de boomgeesten het mooiste voorbeeld vormen, en elfen zonder fysiek lichaam zoals de gewone tuin- of boself. Onder het aardoppervlak (en natuurlijk tot op zekere hoogte ook daarboven) zijn er wezens mét fysiek lichaam: zij behoren tot de indrukwekkende, losstaande rotsen. Ze komen overeen met de klasse van de boomgeesten, maar zijn veel minder intelligent. En rond de rotsen bewegen zich elfen zonder fysiek lichaam, die men gewoonlijk gnomen noemt. Deze vier omvangrijke categorieën zijn duidelijk begrensd: bomen, verschillende soorten boselfen, rotsen en gnomen. Maar in en rond de aardkorst en het aardoppervlak vindt men een weelderig aantal subtypes, individuen en tussensoorten, die zowel bovenaardse als onderaardse eigenschappen vertonen, zodat de ene groep bijna onmerkbaar overgaat in de andere. Ik zal hier de rotsgeesten vrij gedetailleerd bespreken en ook de gnomen, de wezentjes die voornamelijk in de aarde leven. In de twee volgende hoofdstukken, achtereenvolgens gewijd aan de tuin en het bos, zal ik de boomgeesten en de boselfen beschrijven die zich samen aan het aardoppervlak schuilhouden.

Maar sta me toe te herhalen dat er zo'n enorme verscheidenheid aan aarde-elfen bestaat dat het een onmogelijke zaak is om ze allemaal te inventariseren. Zo zijn er wezentjes die naargelang hun bezigheden op bepaalde tijdstippen in de aarde leven en dan weer boven het aardoppervlak. Ze hebben een bruine tot goudbruine kleur en hebben veel weg van gnomen, maar zijn het niet want ze zijn pafferig. Ze zien er oud uit en hebben zwarte kraaloogjes. Hun ganse lijf is als het ware bedekt met een jas van zijdeachtig bont, zacht als een robbenvel, en hun lange kaken vormen net een puntige baard. Het wollige materiaal dat hun hoofd bedekt, komt bovenaan ook in een punt samen, zodat het ganse hoofd precies uit een dubbele driehoek lijkt te bestaan. Het enige wat ik over hun bewegingen kan zeggen, is dat ze hoekig zijn. Dit betekent dat ze zich niet zo bekoorlijk voortbewegen als de meeste elfen. Je komt ze tegen op het platteland waar de begroeiing van de aarde weelderiger is dan alleen maar kort gras. Ze leven meestal in groep, en net als konijnen houden zij van de vibraties van de aarde. Voor een deel zijn ze de bezielers van een verzameling gewassen, en voor een deel zetten ze zich net als de meeste elfen in voor al wat groeit, namelijk, door het leven bij te staan met vitale energie die zij omzetten en in het bijzonder naar onder richten, naar de wortels toe. Ook interesseren zij zich voor insecten, zoals mieren, bijen en wormen.

Deze elfen leven in gemeenschap en gaan nauw met elkaar om. Ze bespreken onderling hun werk, geven commentaar op elkaar en verspreiden nieuwtjes over de rest van de elfenwereld. Gewoonlijk amuseren zij zich kostelijk. Ze zijn voorstanders van verkleedspelletjes, paraderen met de nodige animo voor elkaar, lachen zowel met zichzelf als met een ander, omhelzen hun knieën en dartelen vrolijk in het rond. Zij zijn zeer ijverig en gaan soms met de grappige ernst van een zakenman of -vrouw te werk. Zij houden heel veel voor zich en zoeken geen contact met de andere elfen. Zij vormen op zichzelf een soort afdeling met als gemeenschappelijk doel een bijzondere belangstelling voor de activiteiten van mieren en andere kleine wezentjes die ze zoveel mogelijk proberen te helpen. Zij behoren tot een eeuwenoude orde van elfen en zien er misschien daarom zo oud uit. Dit kan echter ook toegeschreven worden aan hun terughoudendheid en clangerichtheid. Zij bezien de mensen met een soort van verlegen nieuwsgierigheid. Ze merken onze gewoontes op zonder ze te begrijpen, maar hebben geen speciaal gevoel of voorliefde voor de mensheid.

Er bestaan bruine wezens die nog donkerder zijn, bijna zwart, die nog dieper in de aarde leven en die op zijn minst zo'n zestig centimeter groot zijn. Hun voorkomen roept dat van een hagedis op en is onbeschrijflijk vreemd om te zien. Zij hebben weinig intelligentie en leven samen zoals dieren, zonder veel nadenken. Zij zien er geheimzinnig uit, maar zijn daarom niet minder krachtig en vertonen net als alle elfen een onophoudelijke activiteit. Het is bijna onmogelijk om met hen te communiceren omdat ze meer verdiept lijken in hun eigen werkzaamheden dan dat ze geïnteresseerd zijn in mensen.

In een volgend hoofdstuk zal ik iets meer vertellen over twee elfensoorten die verbonden zijn met de Grand Canyon: de één is paars- en vuurkleurig en zo'n zestig à negentig centimeter groot; de tweede soort is bruin en rood gestreept en heeft een lengte van om en bij dertig centimeter. Ik heb de grootste soort nog nooit ergens anders gezien. Zij stralen een gevoel van groot geluk en verhevenheid uit, maar zijn ook ongewoon intelligent en kunnen zich beter concentreren dan de meeste elfen. Zij houden zich aan het doel dat ze voor ogen hebben en zijn opmerkelijk vastberaden. Van vorm lijken ze op vissen, in die zin dat ze plat zijn en zo goed als tweedimensionaal als men ze langs de voorkant bekijkt; maar als men ze opzij bekijkt, ziet men dat ze proportioneel ontwikkeld zijn. Vele elfen zijn dun, maar deze soort ziet er zelfs mager uit als men ze frontaal bekijkt, omwille van hun kleine, dicht bij elkaar staande ogen en hun smalle schouders en slanke postuur. Wanneer men ze echter zijdelings bekijkt, vertonen ze normale lichaamsverhoudingen hoewel hun gezicht, die een roodbruine tint heeft, lang en dun is. Hun werk is ook van bijzondere aard. Zij functioneren als centra van magnetische stromen in de Grand Canyon, en herverdelen de levenskracht die doorheen hun wezen vloeit.

De bruin en rood gestreepte elfen van de Grand Canyon kan men terecht gnomen noemen, zowel wat betreft hun uiterlijk als hun levenswijze. Zij houden zich bezig met eender welk leven dat zich op deze speciale plaats bevindt. Ik ben zelf niet zeker wat hun werk precies inhoudt. Het houdt verband met een soort groei, maar welke soort groei kan plaatsvinden onder de aarde, weet ik niet. Indien rotsen onder druk hun aard veranderen, zou ik geneigd zijn te zeggen dat zij op een bepaalde manier bij dit proces betrokken zijn. In elk geval, de veranderingen waarbij zij ondersteuning bieden, gebeuren langzaam. Zijzelf bewegen met grote bedachtzaamheid. Zij zijn oud en traag en hun werk vergt veel geduld. Al deze gnoomachtige elfen, die iets te maken hebben met de rotsen en diepten van de aarde, stralen het gevoel uit te behoren tot een aloude orde der dingen. Een ander gemeenschappelijk kenmerk van gnomen is, dat zij zich in groepen of scharen voortbewegen. Verder houden zij van warmte en wanneer het boven de grond koud en nat is, verdwijnen ze vlug terug onder het aardoppervlak.

Een bepaalde soort aarde-elf die bijna universeel voorkomt, is dun, ongeveer vijfenveertig centimeter groot, en goudbruin of donkergroen van kleur. Mensen zouden deze elfen met muizen vergelijken omdat ze nogal lange oren hebben en overal rondhuppelen. Een variant op deze soort lijkt op een kleine teddybeer, met over het algemeen een lichtbruine bovenkant en een donkerbruine kleur vanaf de taille. Het zijn vrolijke, zelfs plezierige wezentjes, van geringe intelligentie. Zij verplaatsen zich op twee benen, maar bewegen zich een beetje zoals muizen, met vlugge, hortende bewegingen. Zij zijn ook sociaal, leven in groepen en hebben het heel druk met (voor hen) superbelangrijke zaken. Zij bewonen de aarde in bosrijke gebieden, verzorgen het mos en houden ervan om te leven tussen de boomwortels of te midden van het lange gras. Deze variëteit bekommert zich om de levenskrachten van in samenhang levende dingen. Ze zijn aantrekkelijke, plezierige kleine dingen, waarmee het behoorlijk moeilijk praten is aangezien ze hun gedachten niet echt duidelijk voorstellen en te traag zijn om onze gedachten waar te nemen. Zij snellen ongeduldig heen en weer als zij met mensen moeten omgaan. In feite kan men zeggen dat we in deze elfen de populair bewaarde figuur van de Ierse kabouter Leprechaun kunnen terugvinden.

Naarmate bewustzijn de verschillende lagen van iemands persoonlijkheid doordringt, bekijkt hij de aarde als zijnde in werkelijkheid Moeder Aarde – de geboorteplaats en de levensbron voor ontelbare miljoenen wezens. Geen van de elfen die ik tot hiertoe beschreven heb, zijn echte gnomen, maar hun beschrijving geeft een idee van de immense complexiteit en rijkdom van het elfenleven verbonden met het element aarde. En er is nog zoveel leven binnen de aardkorst. Het is een fascinerende, ingewikkelde plaats waar ongetwijfeld nog veel meer ongeziene wezentjes leven dan ik tot nu toe vermeld heb. Voor ons zijn het vaak vreemde tot zelfs onaangename schepseltjes. Maar gezien ze weinig met het menselijk leven te maken hebben en wij doorgaans niet met hen in contact komen, vind ik het niet echt terzake om hen hier verder te bespreken.

Echte gnomen leven dichtbij, of beter gezegd, onder de rotsen. Zij zien eruit als de gnomen uit traditionele elfenverhalen: kort, dik en grijsbruin van kleur. De ledematen bestaan uit één kleur en het lijf uit een ander, precies alsof ze een lederen wambuis dragen. Hun lichaam is doorgaans donkerder van kleur dan hun armen en benen. Ze hebben lange, puntige, niet echt bevallige voeten, alsof ze spitse schoenen dragen. Hun armen zijn, in verhouding tot de rest van hun lichaam, lang en sterk, en hebben knobbelige handen die niet bepaald afgelijnd zijn. De gebruikelijke trekken van gnomen vinden we terug in hun gezicht en hoofd. Zo is de ruimte tussen neus, ogen en mond breder dan bij de mens waardoor hun hoofd een afgeplatte indruk wekt. Bovendien is hun kin zeer lang en scherp, waardoor het lijkt alsof ze een baard hebben. Verder ziet hun hoofd er net uit alsof het bedekt is met een traditionele kaboutermuts. Onlangs heb ik een kleine groep van deze wezentjes bestudeerd die in een hoop enorme keien huisde. Ik moet toegeven dat ze er woest uitzien en niet bepaald aantrekkelijk zijn voor mensen. Ze komen van onder de rotsen te voorschijn om indringers te begluren tot ze weten wat voor vlees ze in de kuip hebben. Zij worden doorgaans aangetroffen op het platteland waar veel gigantische rotsen voorkomen en weinig plaats laten voor iets anders. Ze vereenzelvigen zich gemakkelijk met hun omgeving en landschap. Wanneer mensen een steengroeve uitgraven of omwille van de aanleg van autowegen rotspartijen opblazen, verdwijnen de rotselfen of gnomen. Zo simpel is dat. Ze vertrekken. Want waarom zouden ze blijven met die enorme kranen die de rotswand bewerken en met auto's die later langs de wegen voorbij scheren? Zo worden ze door de mensen verdrongen.

Men komt ze altijd in groepjes van vier of vijf tegen. Zij zijn niet zo individualistisch ingesteld als de tuinelfen bijvoorbeeld. Zij weten precies waar ze van houden en waar ze een afkeer van hebben, maar ze zijn niet bijster intelligent en hun gevoelsleven is eerder primitief. De laatste keer dat ik hen observeerde, voelden deze wezens zich eigenaardig genoeg tot mij aangetrokken omdat ze wisten dat ik hen kon zien en mits enige inspanning met hen kon communiceren. Doch terzelfder tijd boden ze een zekere weerstand, want ze wilden niet gestoord worden door vreemde dingen. Terwijl de meeste elfen van nieuwigheden houden, hebben deze wezens een afkeer voor elke vorm van verandering. Hen gadeslaan is interessant, omdat ze anders zijn dan de meeste elfen en het plezierig is hun vertrouwen te proberen winnen. Langzaamaan, beetje bij beetje, wennen ze aan jou en zijn ze er klaar voor om enkele ideeën prijs te geven, die te maken hebben met het obscure leven van de gnomen. Maar zelfs deze gedachten zijn moeilijk te begrijpen.

Eén van de meest interessante dingen met betrekking tot de gnomen is dat zij de rotsen beschouwen als hun vrienden en als levende wezens. Raar maar waar hebben de gnomen gelijk, want rotsen leven werkelijk. Zij zijn op zijn minst in staat om zwakjes te reageren, hoe vreemd dit ook mag lijken. Grote rotsen die zeer oud zijn, hebben, langzaamaan door de eeuwen heen, een soort van persoonlijkheid ontwikkeld, die sterk getekend is door hun basisconstitutie en hun ervaring. Als ik het heb over hun reacties, dan bedoel ik dat zo'n oude rots een zweempje sympathie of afkeer voor een persoon kan voelen, na hem enkele keren gezien te hebben. Het is beter te zeggen dat een rots voelt eerder dan dat zij ziet. Als een persoon herhaaldelijk op een rots gaat zitten, kan de rots voelen of zij dit graag heeft of niet. Dit gebeurt niet noodzakelijk met iedereen, alleen met mensen die in zichzelf een zeker gevoel van sympathie koesteren voor de rots in kwestie, of die reeds ervaring hebben opgedaan in het communiceren met de natuur.

In Australië heb ik verschillende ervaringen meegemaakt met rotsen. Ik heb altijd een speciale voorkeur gehad voor rotsen, zoals andere mensen een voorliefde hebben voor katten en honden. In Sydney had ik een speciale rots die ik vaak bezocht. Ik zat er geregeld uren op terwijl ik de haven overzag.

De rots wist wanneer ik kwam en wanneer ik op haar ging zitten. Ze scheidde een gevoel van plezier af (als ik het woord "afscheiden" mag gebruiken) dat vaag te vergelijken is met wat mijn hond aan blijdschap toont, als hij me terugziet na enkele weken afwezigheid. Het was aangenaam om deze reactie te bemerken, die zich vermengde met het harmonieuze van de zee en de bomen rondom mij. Het bezorgde mij een enorm gevoel van samenhorigheid. Als ik opstond om te vertrekken werd de rots verdrietig. Zij begreep niet waarom ik haar verliet. Het was aandoenlijk hoe hard de rots probeerde dit uit te drukken, terwijl het allemaal zo vaag bleef. Het was net een doofstomme vrouw die zich verstaanbaar probeerde te maken.

In de volgende passages laat ik iemand aan het woord die veel meer ervaring heeft met deze zaken. Enkele van de besproken rotspersonages heb ik zelf gekend. De schrijver gebruikt de term *etherisch* om de materie te omschrijven waaruit elfenlichamen zijn gemaakt en *astraal* als verwijzing naar nog subtielere materie. De beschrijving heeft betrekking op rotsen die werden geobserveerd in een groot park in Australië. De eerste rots die wordt besproken, bevond zich aan de oever van een stroom en was ingesloten tussen de wortels van een grote boom.

> Er werd onderzoek verricht naar de samenstelling van dit eenvoudig wezen. Men stelde vast dat er een organische structuur aanwezig was in het etherische lichaam, tenminste wat dit specimen betreft en misschien geldt dit ook voor andere, dat het begin vormde van een psychologisch organisme. De rots bezit een fysiek gekristalliseerd lichaam, een etherisch dubbel, en een aanzet tot gevoelens. De granieten structuur is een bekend gegeven voor elke student mineraalkunde. Het etherisch dubbel vormt een tegen-

gewicht in “ether”, dat doorgaans dezelfde plaats in de ruimte inneemt als de rots, maar soms iets meer volume kan aannemen; het astrale lichaam strekt zich nog een beetje verder uit in de ruimte. Het etherisch dubbel bevat iets wat men vroeger niet bemerkt had, namelijk een kern zoals ook een cel of een andere lage vorm van plantaardig of dierlijk leven in fysieke zin bezit. De meerwaarde van de etherische kern ligt in het feit dat zij ervaringen registreert en dat zij vriendelijke mensen de mogelijkheid biedt de groei en ontwikkeling van de rots bij te staan. ... Men stelde vast dat, door een hand op de rots te plaatsen, men energie in de rots kon laten stromen, tot grote tevredenheid en welbevinden van deze laatste. Dit geldt voor de delen aan de oppervlakte van de anatomie van de rots. Men ontdekte echter ook dat, als een dergelijke energiestroom naar de kern van de rots werd gericht, de toegevoegde kracht zich verspreidde over haar volledige wezen, net zoals iets dat wordt ingespoten in het menselijk lichaam zich snel over het ganse organisme verspreidt via de bloedsomloop, die aangedreven wordt door een snelle hartslag.

De merkwaardige aanwezigheid van een afzonderlijke persoonlijkheid blijkt bij rotsen niet ongewoon. Een summier onderzoek heeft reeds uitgewezen dat er drie andere gevallen bestaan naast het hierboven beschreven geval, en ongetwijfeld zouden er nog veel meer kunnen gevonden worden. Zij vertonen onverwachte verschillen in de vreemde rudimentaire minerale intelligentie die hen bezielt, waardoor men voelt dat de geduldige onderzoeker van deze tot nog toe onbetreden terreinen nog een rijke schat aan kennis te wachten staat.

De rots die reeds vernoemd werd, was buitengewoon vriendelijk voor zover zijn beperkte mogelijkheid om dit tot uitdrukking te brengen dit toeliet; hij toonde ontkiemende genegenheid en dankbaarheid en was duidelijk bereid tot uitwisseling in de mate van zijn capaciteiten. In een verre toekomst zal hij zich ontwikkelen tot een sociaal, levend, toegewijd wezen, trouw tot aan de dood in zijn vriendschappen, misschien een vereerder van helden, bijna te afhankelijk van het voorwerp van zijn aanbidding.

Ons tweede voorbeeld, een rots die zich bevond aan de rand van een oude, nog weinig gebruikte weg, stond in schril contrast met onze eerste rots. In plaats van te reageren op menselijke toenadering, stootte hij ze vastberaden af; zijn houding verklapte een niet mis te verstane suggestie van "bemoei je met je eigen zaken en laat me met rust". Hij was bijgevolg minder ontwikkeld dan de andere, maar men herkende in hem een beginnende sterkte en ingehouden kracht die een toekomst van ijzeren vastberadenheid inhield, en dit ongeacht de mogelijke ijzerhoudende verbindingen in zijn fysieke vorm, maar ook de neiging om bedorven te worden door egoïsme en gewetenloosheid. Het kan onwaarschijnlijk lijken dergelijke kwaliteiten toe te kennen aan rotsen; doch de kiem was zo helder aanwezig dat het niet onmogelijk was om zich de toekomstige belofte van bloemen en vruchten voor te stellen.We stelden vast dat een belangrijk deel van deze rots was weggekapt voor de aanleg van een weg; men kan zich afvragen in welke mate dit aspect iets te maken had met zijn houding van mensenhaat.

Een derde geval dat onze aandacht trok, was een enorme rots aan de rand van een hoge bergrug. Hij had de vorm van een huif en functioneerde als een soort vooruitspringend dak voor een merkwaardige, kleine grot die men slechts kon bereiken na een gevaarlijk staaltje klim- en klauterwerk. Binnenin was het dak veel lager en vertoonde een groot langwerpig gat. Het bleek dat deze ongewone formatie ooit op een heel vreemde manier gebruikt was geweest. Een voortvluchtige wilde die zich probeerde te redden van de achtervolging van andere met speren gewapende wilden, merkte boven hem dit zonderlinge schuilhol op toen hij die plaats voorbijrende. Zoals een aap klom hij naar boven tot aan de grot en wierp zich door de opening. Op die manier ontsnapte hij op het laatste nippertje aan de moorddadige groep jagers, die veronderstelden dat hij over de steile rotswand naar beneden was getuimeld. Deze dramatische ontsnapping was vanzelfsprekend dé grote gebeurtenis in het anders zo monotone leven van de rots. Het had zo'n krachtige en heldere indruk op hem gemaakt dat, als men probeerde om binnen te dringen in zijn bewustzijn, hij onmiddellijk deze scène reproduceerde, net zoals iemand die een verschrikkelijke ervaring beleefd heeft en het niet kan nalaten die keer op keer te vertellen. Het bleek een tijdlang onmogelijk om ook maar iets anders uit hem te krijgen; maar kort daarop ontdekte men dat hij ook een vaag bewustzijn in hem droeg van het landschap dat zich voor hem uitstrekte; men kan uiteraard onmogelijk stellen dat hij het kon zien, doch het landschap prentte zichzelf zachtjes in hem zodanig dat men kan zeggen dat hij het voelde en wist wanneer er zich daar veranderingen in voordeden.

De vierde rots die geobserveerd werd, had de vreemdste geschiedenis van allemaal. Net zoals de vorige was hij ook tentvormig en sprong hij vooruit, maar de grot onder hem was in veel vroegere tijden gebruikt om mensen te offeren. Vandaar dat er nog steeds een afschuwelijke sfeer hing. Psychometrisch is het eenvoudig om iedere verschrikkelijke scène waar de rots getuige van was te leren kennen, maar vreemd genoeg was er in zijn bewustzijn geen enkel beeld zo helder als wat de derde rots had van de ontsnapping. Men zou kunnen zeggen dat hij geen goede toeschouwer was. Anderzijds was elk deeltje van hem doordrongen van een onbeschrijfelijk gevoel van eng, huiverend afgrijzen, heel vaag, en toch zat het zo diep, zo door en door in hem geprent als een onlosmakelijk deel van zijn wezen dat het een noodzakelijke factor in zijn bestaan leek. Toch hoorde daar ook een zeker wansmakelijk genieten bij – een vreemd, oud, onbegrijpelijk soort

> kwaad waar in onze moderne talen geen naam voor bestaat. Geen helder bewustzijn van dit alles – niets anders dan een trage, donkere droom van onnoembaar kwaad. Men kan zich afvragen tot welke tragische, onaardse toekomst zoiets zich kan ontwikkelen.
>
> Aan de hand van bovenstaande verhalen zal de lezer veel meer over rotsen te weten zijn gekomen. Deze verhalen hebben de verdienste dat ze geschreven zijn vanuit de diepgaande, unieke ervaringen van de schrijver.
>
> (C.W. Leadbeater en Fritz Kunz, *The Personality of Rocks*; vrij vertaald)

Hoe fascinerend is de oude aarde als men zich realiseert hoeveel meer leven er zich afspeelt dan de meeste onder ons vermoeden! Voor veel lezers van deze hoofdstukken zal dit alles vreemd of mogelijk ongelooflijk lijken. Misschien is één van de redenen dat de meesten onder ons oud en saai worden en werkelijk voeling verliezen met de wereld van de bezielde dingen, dat we het leven dat ons omringt niet kunnen waarnemen, en weigeren te geloven in iets dat we niet fysiek kunnen aanraken of met onze eigen ogen kunnen zien. Onze perceptie van de dingen wordt aldus begrensd aangezien onze rechtstreekse ervaring gedoemd is klein te zijn; en zo verouderen we voortijdig en wordt het leven monotoon. Maar als we proberen, alleen maar proberen, zo'n zaken te geloven of zelfs te ervaren die op het eerste gezicht vreemd of zelfs gek lijken, dan zullen we onze vergane voeling terugvinden met de grootheid van de natuur, de moeder van al wat leeft, en op deze wijze onze jeugd terugvinden, die het leven is. In mijn leven heeft deze verborgen wereld die ik beschreven heb – meer bepaald mijn vrienden de bomen, wiens verhaal nog moet komen, en de elfjes in tuinen en bossen – meer betekend dan ik kan meedelen. Als de lezers bij het doornemen van de volgende hoofdstukken, zonder vooringenomenheid, een inspanning willen leveren om dit te begrijpen, en als ze alleen al maar proberen om in contact te komen met het leven dat ik zie en probeer te beschrijven (zelfs tegen hun "beter weten" in), dan denk ik dat ze een nieuw geluk kunnen vinden en nieuwe inzichten over de problemen van het leven.

De aarde waarop we leven, is bevolkt met deze verrukkelijke, charmante en vrolijke wezentjes die ik aan het beschrijven ben. Ze zitten in onze tuinen, de bossen, de bergen, overal rondom ons. Zo leven wij in een wereld waar alles trilt met een gevoel van in leven te zijn. Als wij dit ten volle konden beseffen, zouden we het ware geheim bezitten van de eeuwige jeugd.

6

Tuinelfen

Eén van de belangrijkste elfensoorten die aan het aardoppervlak leven, is verwant met de bossen en tuinen en omvat de boomgeesten. Om de speciale eigenschappen van deze elfen zo goed mogelijk weer te geven, kan men best de verschillende leden van elke natuurlijke onderverdeling beschrijven: dit zijn met andere woorden de tuinelfen en de boselfen.

Er zijn verschillende soorten tuinelfen. De kleinsten onder hen zijn niet groter dan een kaars en zien er nogal vrouwelijk uit. Het helder appelgroene of gele lijfje is twintig à dertig centimeter lang en daar waar je een vlam verwacht staat een hoofdje van ongeveer vijf centimeter met een menselijk, getaand gezicht. Ze hebben armen en handen die qua grootte in verhouding staan tot de rest van hun lichaam en onderaan het lijfje ontwaart men iets dat doet denken aan korte benen en voetjes. Deze specifieke elfen ontfermen zich over de kleinste borderplanten zoals lobelia, schildzaad, en een hoop andere planten die in groep groeien. Zij reageren amper op wezens of gebeurtenissen die geen deel uitmaken van hun onmiddellijke leefwereld. In feite zijn hun reacties nogal primitief, hoewel ze zowel genegenheid als afgunst kunnen voelen voor hun planten en voor de andere elfen. Ze zijn uit op nieuwe gewaarwordingen en sensaties, want dat is voor hen de manier om iets bij te leren. In groepjes van drie of vier trekken ze rond in elke tuin die aangenaam en aantrekkelijk is.

Verder leeft tussen de tulpen en aanverwante bloemen een soort die ongeveer dertig centimeter groot is. Ze zien er veel menselijker uit dan de kaarselfen, in die zin dat ze lijken op menselijke schaduwvormen. Maar ze hebben enkel de lichaamsomtrek met ons gemeen en niet de wezenlijke lichaamsbouw. Hun ijle miniatuurgestalte wordt omgeven door een doorschijnende materie die fosforescerende eigenschappen lijkt te bezitten, in mooie roze en lichtpaarse tinten. Sommige onder hen hebben zachte, lange gezichten zoals dat van een faun. Hun ledematen zien er menselijk uit maar hun handen en voeten zijn vaak niet volmaakt. Men vindt bij hen een verscheidenheid aan vingers en tenen terug, en sommigen hebben handen die lijken op de klauwen van een jonge kat.

In deze welbepaalde tuin die ik aan het beschrijven ben, groeiden prachtige bedden met viooltjes. Daar hingen even mooie en fijne vlinderachtige wezentjes rond die slechts een korte levensduur kennen. Deze kleine schepsels hebben gezichtjes die zelf veel weg hebben van een viooltje. Hun lichaam lijkt sterk op dat van een vlinder of libel, is sigaarvormig en veel smaller dan hun gezicht. Hun lichaam is hoogstens tien centimeter lang en hun hoofd telt maximaal vijf centimeter. Vanuit hun nek, en gaand over de ganse lengte van hun lichaam, ontspringen twee fijne vleugelvormige structuren, die echter niet functioneren als vleugels, maar naar mijn mening slechts een decoratieve waarde hebben. Hun gezicht en lichaam zijn vleeskleurig, met nuances in tinten van zachtpaars tot roodpurper. De vleugels zijn gelijkaardig van kleur maar vertonen bonte schakeringen en zijn glanzend. Terwijl ik toekeek, bewogen in amper enkele minuten tijd bij de viooltjes in de vensterbanken een viertal van die elfjes rond. Het is zo dat men in de onzichtbare wereld, net als in de zichtbare, in gemeenschap leeft. Dit verklaart waarom elfen zich even sterk aangetrokken voelen tot een bloembed, als vlinders.

We komen nu bij de gewone tuinelf, in vele opzichten het echte, centrale elfentype. Eigenlijk komt hij overeen met de voorstelling die de meeste mensen hebben van elfen in het algemeen. Het is deze elf die gedetailleerd beschreven werd in hoofdstuk 3 betreffende de algemene kenmerken van elfen. Deze specifieke tuinelf kent een aantal exemplaren die vijfenveertig tot zestig centimeter groot zijn en die er in vele opzichten menselijk uitzien. Ze hebben een neus, twee ogen, een mond, zelfs oren en wolachtig haar dat meestal donkerbruin is zoals de schors van een boom. Hun gezicht, zoals dat van de andere elfen, heeft niet dezelfde proporties als dat van een mens, omdat neus en ogen verder van elkaar verwijderd zijn. Daardoor zien ze er steeds verwonderd en nieuwsgierig uit, wat ze in feite ook wel zijn. Ze bezitten noch oogleden, noch wimpers, wat vreemd is als men dit voor het eerst opmerkt. Hun gezicht is goudbruin van kleur en hun lichaam smaragdgroen – tenminste, als het in rusttoestand verkeert en geen gedaanteverandering heeft ondergaan tijdens een verkleedpartijtje –, net als de felgroene kevers die zich soms in de lente laten zien. Hun handen en voeten zijn zoals de onze, alhoewel hun voeten iets driehoekiger zijn.

Zo'n elfen zijn mooi om zien. Ze speelden tussen de seringen in de tuin toen ik hen observeerde. Aangezien ze van al hun mede-elfen in de tuin de grootste intelligentie bezitten, houden zij daar toezicht.

Bij de kleine vijver in de tuin leefde een bijzonder soort wezentje dat ik, bij gebrek aan een betere benaming, een “bronelf” zal noemen. De vijver wordt van water voorzien dankzij verschillende bronnen. Op die plaatsen waar het water uit de grond borrelt, leven vreemde, lange wezens met een voorkomen dat iets weg heeft van een kwal. Het lichaamsdeel dat het meest begrensd is, is hun blauwachtig, onduidelijk gevormd hoofd, met zo goed als geen nek, dat uitvloeit in een blauwachtige romp. Deze romp gaat geleidelijk over in schimmige slierten en loopt over een aanzienlijke afstand door tot in de aarde. Daarom lijkt het alsof deze wezens hun leven uit de diepte van de aarde putten, ofschoon ze terzelfder tijd sterk verbonden zijn met het water. Deze eigenaardige bronelfen bevinden zich over het algemeen op de plaats waar het water uit de bodem komt. Zij houden hun hoofd net boven water en dobberen zo zachtjes op en neer. Bronwater heeft immers een soort van vitale frisheid waaruit hun elfenleven ontspringt.

In een kleine serre vond ik enkele elfen van het vlindertype. Ze waren tot vijf centimeter langer dan de anderen van hun soort en ook menselijker, maar voor het overige nogal gelijkaardig. Vanzelfsprekend heeft de vlinderelf, na een tijdlang in een serre te hebben verbleven, zich gespecialiseerd in het speciale contact met het werk van mensen die de plantengroei forceert. Het zijn fijngevoelige en sierlijke wezentjes.

Er bestaan nog andere soorten wezens die integraal deel uitmaken van het leven in de tuin, namelijk de bomen. In het midden van de tuin, bijvoorbeeld, stond een grote, alleenstaande notenboom.

De verzamelde levenskracht van alle levende cellen in een boom vormt het leven van een entiteit die we de " boomgeest" kunnen noemen. Er is met andere woorden een wezen dat als het ware leeft met de boom als lichaam, of met hem versmelt. Hij maakt integraal deel uit van de boom zelf en kan zich niet heel ver van de boom verwijderen, zoals elfen dit doen bij hun struiken. En er zijn geen bomen zonder boomgeesten. Deze geest is niet altijd zichtbaar, hij verschijnt alleen als hij daar zin in heeft. Niettemin kan het bewustzijn van de boom zich zo nodig naar buiten projecteren en vorm aannemen. Deze vorm, opnieuw, heeft meestal een menselijk voorkomen, maar gelijkt eerder op een uitgerokken grote mensenschaduw, die zeer lang is en zeer mager. Sommige van deze bomen zijn sterke persoonlijkheden maar de meerderheid is niet van elkaar te onderscheiden.

Deze oude notenboom was charmant en beeldig. Telkens wanneer zijn geest vorm kreeg, verscheen hij in de gedaante van een grote bruine Amerikaanse indiaan met een bruine, schorsachtige huid, een hoge neus, een vage haardos en twee zwarte speldenpunten als ogen. Hij was niet bepaald mooi, maar heel charmant en buitengewoon opgewekt en vriendelijk. Op een bepaalde manier voelde hij aan als een goedgemutste oude man met een zeer ontwikkelde persoonlijkheid.

De dageraad komt overeen met een drukke tijd in de tuin, op dat tijdstip komt altijd een speciale zegening over de wereld. Het ontwaken van energie heeft plaats en het is de taak van de elfen deze in ontvangst te nemen en te verspreiden. Met het ochtendgloren komen ook hun dagelijkse activiteiten op gang en ruilen zij hun spel opnieuw in voor hun werk. De elfen beschouwen de zon als een immense lichtbol die de bron is van alle leven. Zij trekken als het ware de zonne-energie doorheen hun lichaam om zichzelf van voedsel te voorzien en om deze energie naar de plantengroei te leiden.

Elfen hebben een fantastische verhouding met bomen. Zij beschouwen hen als kameraden die minder ontwikkeld zijn dan henzelf, maar die de speciale verdienste hebben stevige, stoffelijke bewoners te zijn. Zij houden van bomen en vinden hen waardevol en mooi, maar terzelfder tijd voelen ze zich hun meerdere omdat bomen zich niet kunnen voortbewegen.

Elfen koesteren een grote, vriendschappelijke belangstelling voor alle dieren. In deze tuin leefden een aantal fluiteenden, eenden en witte zwanen. De elfen kwamen vaak naar beneden, of keken boven op de helling naar het water beneden, om met groot vermaak de capriolen van deze eenden gade te slaan. Ze hadden een hechte band met deze vogels en bewogen zich tussen hen vaak vrijelijk rond. Ze behandelden hen op dezelfde manier als wij met honden omgaan, met uitzondering dat zij hen iets meer als gelijken beschouwen. De elfen zouden deze vogels altijd zoveel mogelijk helpen. De vogels van hun kant reageerden op de aanwezigheid van de elfen, want zoals vele dieren kunnen ze effectief elfen zien.

De hond des huizes, een grote airedale-terriër, lag nu en dan in de tuin, half te slapen. Hij straalde vage, prettige gevoelens uit, die hoofdzakelijk gekoppeld waren aan herinneringen aan de kluiven die hij in de tuin verborg. Een zachtroze kleur duidde zijn voornaamste gevoelens van vaag geluk aan; een rode kleur wees op een tikkeltje opwinding dat zo nu en dan de kop op stak. Hij zag groen van afgunst als de kat des huizes zijn pad kruiste, en vertoonde geregeld flitsen van blauwe toewijding als hij gehoor gaf aan zijn baasje. Zijn speciale buien wekten een zekere interesse op bij de faunen, die hem anders niet bepaald opmerkten. Ik ben er zeker van dat de hond op zijn minst sommige elfen kon zien, misschien zelfs allemaal, en hun bestaan zonder meer aannam. Soms renden ze verschrikt van hem weg als hij onstuimig werd of eigenaardige bokkensprongen maakte. Vermoedelijk waren de elfen voor de hond iets vaags, iets dat ver van hem af stond.

Elfen kunnen zich behoorlijk inleven in de zielenroerselen van de dieren: ze voelen blijdschap wanneer dieren zich onstuimig gelukkig gedragen, en verdriet wanneer dieren zich diep ongelukkig voelen. En in het bijzonder kunnen elfen de vreugde herkennen die dieren ervaren omdat ze gewoon in leven zijn, aangezien dit ook een belangrijke eigenschap van de elfen zelf is. Elfen zijn ook geïnteresseerd in de kleine kuikentjes die op de vijver verschijnen na de broedtijd van de vijvereenden. Dergelijke gelegenheden trekken veel meer hun aandacht dan het dagelijkse leven van deze dieren. Met andere woorden, zij reageren op de creatieve processen in de natuur, waar zij altijd actief aan deelnemen. Daarom is het leven van de tuinelf totaal anders in de lente dan in de overige seizoenen.

Elfen koesteren belangstelling voor mensen. Zij letten bijvoorbeeld altijd op hoe de eigenaars van deze tuin naar beneden gingen om de eenden te voederen, en beschouwden hen als superieure wezens. Niettemin is in vele gevallen deze interesse niet meer dan tolerantie, omdat ze beseffen dat mensen anders zijn dan elfen. Maar hoe dan ook zijn zij geïnteresseerd en proberen mensen te bestuderen om hen beter te begrijpen. In dit concrete geval stond de familie open voor het bestaan van elfen, wat maakte dat zij over het algemeen vriendelijke gevoelens met de elfen uitwisselden. Maar we weten dat dergelijke situaties zelden voorkomen. Hier loerden ze altijd naar ons vanachter de verschillende struiken, om daarna hun gewone werk te hervatten en ons als de gewoonste zaak van de wereld te beschouwen. Zij hielden van de kleine baby die in de tuin speelde. Aangezien een kind spontaner en natuurlijker is dan volwassen mensen, voelden ze zich ermee verwant en benaderden het met veel affectie.

Zoals ik reeds vermeld heb, is de dageraad het moment waarop de elfen van start gaan met hun bezigheden. Ze beginnen de dag met een korte, gemoedelijke bijeenkomst over hun werk, waarbij ze hun vreugde voor het leven over de wereld uitdragen. Ze zijn zo gelukkig, alles is voor hen zo ontzettend mooi. Zij houden van het gevoel dat de dauw onttrekt aan de bladeren van de planten, net als van de reactie van het gras en de bloemen op het nakende ochtendgloren. Elke elf fladdert rond de planten die hij moet verzorgen en probeert uit te vissen of er iets scheelt en hoe hij het best de planten van zorgen kan voorzien, ongeveer zoals een dokter zijn ronde doet bij zijn patiënten. Dit wordt echter niet op een ernstige manier gedaan. Als alles goed gaat of als ze bijzonder opgetogen zijn over de bloemen, huppelen de elfen rond de planten om uitdrukking te geven aan hun voldoening. Zij tonen hun gevoelens tijdens hun bezigheden en blijven vaak een hele tijd bij één bloem net alsof het hun baby is, om haar te vertroetelen met veel liefde en aandacht. Het is vertederend om te zien. Ze doen dit natuurlijk niet de ganse dag, want ze houden ervan hun werk te onderbreken met veelvuldige pauzes. Als ze er zin in hebben, laten ze hun werk voor wat het is en komen ze gewoon samen om hun levensvreugde te uiten. Ze bewegen en springen voortdurend heen en weer. Over de middag rusten ze meestal wat uit en gaan even op pad, maar het is pas 's avonds dat ze vrijaf nemen. Dan hebben ze vaak zeer plezierige bijeenkomsten. Soms vleien ze zich neer naast een favoriete bloem, zonder weliswaar in te slapen.

Dit, denk ik, beschrijft het elfenleven van een typische tuin. Uiteraard kennen grote tuinen in tropische landen en speciale plaatsen zoals experimentele tuinbouwbedrijven een grotere elfenvariëteit. Maar hopelijk heb ik de lezer genoeg verteld om te tonen dat een tuin van binnenuit bekeken, een plaats is van fijne, feeërieke schoonheid, die het mooie van planten en vogels waarmee we allen vertrouwd zijn in sterke mate overstijgt. In feite maken de groepjes zwevende kaarsenelfen, de fladderende vlinderelfen met hun glinsterende kleuren en de vrolijke, ijverige, gewone tuinelf de tuin tot een soort van wonderland. We kunnen gerust zeggen dat het elfenleven de kroon is op een tuin, die ertoe bijdraagt om er een volmaakte, verfrissende plaats van te maken waar rust heerst. De elfen zijn gelukkig met ons samen te kunnen werken om een prachtige plaats te creëren waar wij met ons allen van kunnen genieten. Indien meer mensen wisten hoe graag het elfenrijk ons wilt helpen, dan zouden onze tuinen nog veel meer een hemel op aarde zijn.

7

Boomgeesten

Wanneer we afscheid nemen van de vertrouwde, huiselijke, kleine plantentuinen en ons naar het bos begeven, moeten we eens te meer beseffen dat bomen sterk verschillen van de voorstelling die wij ons gewoonlijk van hen maken. Het zijn levende wezens, net als wij, behalve dat hun bewustzijn minder ontwikkeld is en dat zij niet zo prompt en gevoelig reageren op gewaarwordingen. Zoals ik reeds vermeld heb, schuilt in elke boom, hoe klein ook, een boomgeest van waaruit de boom zijn levenskracht put. Deze geest groeit mee met de boom en verdwijnt wanneer de boom sterft. Hij kan op een kleine afstand van de boom verschijnen, als hij dit wenst, en neemt daarbij meestal een quasi menselijke vorm aan. Wanneer hij zich in de boom bevindt, is zijn vorm vaag en zo goed als onzichtbaar. Hij tekent zichzelf pas duidelijk af als hij zichzelf buiten de boom projecteert. De meeste boomgeesten lijken in zekere mate op elkaar. Zij hebben allemaal een lange, bruine vorm die eruitziet als de eerste tekening die een kind van een mens maakt: hoekig, een beetje dik, net een indiaan, kleine oogjes en neus, en zwarte, ruw getekende, vezelige haren. Dit is uiteraard een algemene beschrijving van boomgeesten. Verschillende soorten bomen zoals eiken, dennen en berken hebben licht afwijkende kenmerken die eigen zijn aan hun soort. Sommige bomen blijken een sterkere persoonlijkheid te hebben dan anderen, net zoals dit bij mensen het geval is. Bepaalde bomen zijn unieke individuen, terwijl sommigen niets speciaals hebben dat hen van andere bomen onderscheidt.

Als ze binnenin de boom zitten, leveren de boomgeesten het meeste werk. Dan verzorgen ze de boom en controleren zijn energetische toestand. Dit lijkt op wat gebeurt om het menselijk lichaam in stand te houden. De boom onttrekt zijn scheikundige voedingsstoffen aan de aarde, het water en de lucht. Als deze van goede kwaliteit en overvloedig aanwezig zijn, verloopt dit proces probleemloos en is de boomgeest gelukkig. Zijn geluksgevoel versterkt op zijn beurt de chemische processen in de boom en zorgt voor een betere verwerking ervan. Het is te vergelijken met een persoon die zijn middagmaal in alle rust verorbert en het met een gevoel van welbehagen verteert, wat het verteringsproces ten goede komt, terwijl bezorgdheid – wat bomen evenwel niet kennen – daarentegen het proces negatief zou beïnvloeden. Als de geest met tussenpauzes uit de boom komt, is dit gewoonlijk te wijten aan verschillende redenen. Hij ziet bijvoorbeeld een menselijke figuur die hij leuk vindt en komt daarvoor uit de boom om die persoon van dichtbij te bekijken en zijn sympathie uit te drukken. Als ik onder een boom vertoefde, heb ik vaak dergelijke vage sympathiebetuigingen meegemaakt. De geest kan zelfs iemand over een afstand van enkele meters volgen. 's Nachts blijken deze wezens te beschikken over meer vrije tijd en meer mogelijkheden tot sociaal contact. Zij komen dan allemaal uit hun schors tevoorschijn. Als de persoon aan wie zij hun genegenheid hebben geschonken niet al te ver van de boom woont, kan het gebeuren dat de boomgeesten naar die persoon op zoek gaan. Ik denk dat dit één van de redenen is waarom de meeste mensen 's nachts schrik hebben in het bos. Dan komen namelijk al deze wezens uit de bomen tevoorschijn en omcirkelen hen met hun onzichtbare aanwezigheid. Vele mensen voelen zich op zo'n momenten begluurd door duizend ogen, en dit is per slot van rekening de pure realiteit! Ik denk niet dat boomgeesten iemand kwaad zouden doen in een bos, maar hun trillingen en gevoelens zijn zo verschillend van de onze dat dit ons vaak koude rillingen bezorgt.

Een boom kan natuurlijk ook een afkeer hebben van iemand. Toen ik nog een klein meisje was, heb ik zoiets meegemaakt. Ik kan niet getuigen van alle details aangezien ik niet aanwezig was bij dit voorval, maar ik heb wel de boomgeest kunnen observeren aan wie dit verhaal wordt toegeschreven. Een oude boom die in een Javaanse tuin stond, bracht met zijn takken een huis in gevaar. Enkele Javanen werden bijgevolg ingeschakeld om hem te snoeien. Elke keer dat één van hen met deze bedoeling in de boom of op het dak klom, gebeurde er iets met die persoon. Ofwel brak hij zijn been bij een val, ofwel werd zijn arm ontwricht. Als gevolg van deze ongevallen weigerden de mensen hun werk te doen en bleef de boom ongedeerd. Zij schreven deze ongelukken toe aan de boosaardige invloed van de oude notenboomgeest uit Kashmir. Ik kan beamen dat ik als kind niet graag onder die boom speelde, ofschoon ik tegelijkertijd gefascineerd was door de sterke, machtige, oude boomgeest. Hij hield helemaal niet van mensen. Hij koesterde immers de herinnering aan een tijd waarin hij omringd was door bomen, in plaats van door huizen, en legde de schuld voor zijn isolatie en eenzaamheid volledig bij de mensen. Wanneer hij voor hen verscheen, nam hij de gedaante aan van een enorme aap – die wellicht een lengte had van vijfhonderd meter – met een schraal, grijs gezicht. Wanneer hij zich in de boom bevond, was hij nog veel groter, alsof het naar buiten brengen van het lichaam in een vastere vorm, de materie van zijn subtiele draagstof tot een kleiner volume dwong.

Over het algemeen echter voelen boomgeesten zich juist aangetrokken tot mensen. In feite verschillen ze op dit vlak duidelijk van de tuinelfen. Ze hebben hetzelfde gevoel van loyaliteit als honden, maar ze gedragen zich waardiger aangezien ze niet wild in het rond springen. Deze loyale aanhankelijkheid hebben ze waarschijnlijk te danken aan de standvastigheid van hun wortels. Meestal begrijpen mensen echter niet de volledige inhoud van een dergelijke ervaring van genegenheid.

Toen we uitgenodigd waren in een school in Californië voor de uitreiking van de diploma's van de afstuderende klas, waren tientallen mensen, zonder het te beseffen, getuige van een dergelijke, hartelijke respons. De kinderen brachten een toneelstuk over elfen naar voren. Eén meisje, dat heel gelukkig was geweest op school, speelde de rol van boomgeest van een mooie eik die daar stond. Op een bepaald ogenblik kwam ze van achter de boom tevoorschijn net alsof ze binnen in de boom zelf had gezeten, met de bedoeling hem vol tederheid aan te spreken als haar eigen thuis. Wanneer ze heel oprecht de woorden "lieve oude boom" uitsprak, klonk dit bijzonder intens aangezien ze zelf op het punt stond de school te verlaten. Omdat het toneelstuk over elfen ging en uitgevoerd werd door kinderen en omdat het publiek zich vol medeleven afstemde op de inhoud van haar woorden, kwam dit heel uitnodigend over voor de echte boomgeest. Hij reageerde door naar buiten te komen in een opwelling van genegenheid die zo sterk was dat het ganse publiek diep ontroerd werd. Vele mensen hadden tranen in hun ogen zonder evenwel te beseffen wat er aan de hand was. Het meisje dat hem te voorschijn had geroepen, was ook erg aangedaan. Dit is een duidelijk voorbeeld van de natuurlijke manier waarop bomen gevoelsmatig reageren op mensen, wanneer deze hen met goede bedoelingen benaderen. In dit geval had de geest van de boom de gedaante aangenomen van een groot wezen met een vriendelijke uitstraling vol goede wil. Wat een verschil met de geest van de notenboom uit Kashmir!

De verschilpunten tussen de verscheidene soorten boomgeesten zijn niet zo opvallend als, laat ons zeggen, tussen de diverse hondensoorten. Ik heb reeds de geest van de Amerikaanse notenboom beschreven, dus om het interessant te maken voor de lezer zal ik ook een eik, een den, een esdoorn en een berk beschrijven. In een klein bos heb ik een prachtige eik bestudeerd. De geest van deze lieve boom was ongeveer vijfhonderd meter lang en had een menselijke omtrek die meer westerse of Europese trekken vertoonde dan de geesten die ik reeds heb beschreven. Zijn gezicht is meer ovaal en gelijkmatig en hij ziet er knapper en menselijker uit. Hij heeft een donker getaande gelaatskleur en zwart haar.

Boomgeesten zijn slank, zoals de figuren van Burne-Jones. Ter herinnering: Sir Edward Coley Burne-Jones was een Brits schilder uit de Victoriaanse periode die bekend staat voor zijn schilderijen van elfen. Hun kleur is iets donkerder dan hun grijsbruine schors. Ze hebben bruin haar en mistige, grijze ogen. Ze zijn aangenaam en vriendelijk van aard. Hun bewegingen zijn nogal snel en trillend, net zoals de bladeren van een berk. Ik heb nooit boomgeesten gezien die niet enigszins bruin waren, alhoewel er talrijke variaties bestaan, gaande van goudkleurig rood zoals de Redwood bomen (*sequoia sempervirens*) tot het grijsbruine van de berk. Uiteraard heb ik het hier over de algemeen geldende basiskleur, aangezien voor elke individuele boom tevens een verband bestaat tussen de kleur van zijn schors en die van zijn geest. De kleur van de boomgeest wordt hoogstwaarschijnlijk bepaald door de boomvezels en de schors.

De geest van de den is een donkere persoonlijkheid, met eerder hoekige trekken en veel donkergroene tinten. Hij geeft de indruk eerlijk en oprecht te zijn en straalt een harmonieus gevoel uit. Hij is niet zo groot – dit specifieke voorbeeld heeft misschien een grootte van driehonderd meter – maar lijkt stoer en krachtig. Hij heeft zwart haar (ruw, zoals gewoonlijk) en zwarte ogen. Wanneer hij zich uit zijn boom terugtrekt, doet hij dit bedachtzaam om vervolgens op indringende wijze in het rond te kijken. Van nature is hij niet zo krachtig als de eik die, dit dient gezegd, een sterke, viriele indruk maakt.

Alles wijst erop dat de slankheid, die karakteristiek is voor al deze geesten, iets te maken heeft met de stam en de levenscyclus van de boom. De geest van een jonge boom is immers een heel klein ding dat zijn vorm vergroot naarmate de boom groeit. (Deze jonge boomgeesten zijn niet erg intelligent en komen alleen uit hun stam als ze daartoe worden aangespoord door de oudere boomgeesten.) Over het algemeen is de vorm van een boomgeest dikker als hij zich in de boom bevindt, omdat hij zich aanpast aan de ronde boomomtrek, en wordt hij veel dunner eenmaal hij uit de boom treedt. Dit is vergelijkbaar met een menselijk lichaam dat smaller lijkt van voor naar achter, dan van links naar rechts.

Ik heb ook een jonge esdoorn geobserveerd die hier vlakbij aan de rand van een bos groeit. Hij brengt de kenmerken van de "Amerikaanse indiaan" veel beter tot uitdrukking dan de anderen. Zijn algemene verschijning is decoratief, zoals de foto's van jonge indiaanse mannen. Terwijl de Amerikaanse notelaar meer de indruk wekt van een ernstige, oude indiaanse krijger, is de esdoorn de sprankelende verpersoonlijking van de jeugd. Hij heeft over het algemeen een geelbruine kleur, met bonte schakeringen van dieprood en geel die uiteraard in rechtstreeks verband staan met zijn herfstkleuren. In plaats van haar heeft hij een soort hoofdbedekking van herfstbladeren waardoor hij er heel vrolijk uitziet en vanzelfsprekend is hij bijzonder trots op zijn elegante verschijning.

Het huis waarin ik verblijf om dit te schrijven, is omringd door enkele bomen, voornamelijk berken, en ligt in de nabijheid van een bos. Men kan gemakkelijk de tegenstellingen ontdekken tussen de leefomstandigheden van de bomen die her en der verspreid groeien in en om de stad, vergeleken met de bomen hier die, alhoewel ze dicht bij het huis groeien, zo goed als aan de bossen toebehoren. De geïsoleerde Amerikaanse notenboom, die volledig afgesneden is van zijn kompanen, leidt een leven dat weinig of niets meer te maken heeft met zijn eigen soort, en moet zich wel gaan interesseren voor mensen en dieren, met als resultaat dat zijn geest zich meer ontwikkelt dan zijn gevoelens. Hier creëren de bossen een soort verwantschap tussen de bomen van dezelfde soort zodat zij meer geïnteresseerd zijn in wat zich afspeelt in hun eigen kring dan in de mensen, alhoewel ze voor deze laatsten genegenheid voelen. Maar sinds een aantal berken tussen het huis en de bossen geveld werden om er brandhout van te maken, reageren de overige bomen minder vriendelijk op menselijke aanwezigheid. Bomen vinden het veel erger om omgehakt te worden dan elfen spijt hebben als hun plantjes worden vernietigd, aangezien het leven van de boomgeest nauw verbonden is met het leven van zijn boom.

In deze bossen, die dicht aanleunen bij de bewoonde wereld, doch veel ongerepter zijn dan stadsparken, heerst een gevoel van verwachting. Het leven van een boom is helemaal niet zeker en hun lot ligt vaak in menselijke handen. Dit welbepaalde bos geeft ons een jeugdige indruk. De bomen leven allemaal samen en hebben elkaar graag, maar ze koesteren een welbepaalde belangstelling voor de mensen rondom hen die ze beschouwen als vreemdelingen, afgescheiden van henzelf. Mensen hebben de neiging om over bomen te denken in termen van brandhout of schaduw voor de zon of decoratiemateriaal, maar uiterst zeldzaam zien ze hen als prachtige individuen of als levende wezens. De bomen voelen dit aan en dit wakkert het groepsgevoel in hen aan: zij realiseren zich dat zij tot één groep behoren en wij, mensen, tot een andere.

Ik dien te verduidelijken dat bomen zeer traag reageren op dingen en dat het lang duurt vooraleer ze nieuwe ervaringen kunnen assimileren. Hun begripsvermogen is beperkt. Dus als we het hebben over hun manier van denken of voelen, houdt dit in dat zij halfslaperig reageren in vergelijking met mensen. En uiteraard zijn er individuele verschillen. Hoe dan ook, wanneer een bos roekeloos wordt omgehakt, ervaren de overblijvende bomen hevige, gemengde gevoelens – pijn, verlies en isolement, hoewel de natuur tegelijkertijd tekens geeft van filosofische gelatenheid en acceptatie van het onvermijdelijke. Wij stellen ons een bos voor als een mooi opgeruimde plaats, terwijl voor bomen en elfen het ideale bos eruit ziet als een plek voor bomen met veel kreupelhout en in het wild levende planten en dieren. Elfen en bomen hebben een hechte band met elkaar. Er zijn elfen die plaatsen opzoeken waar de begroeiing is samengesteld uit kreupelhout, bloemen en gras. Maar als het geheel er te netjes uitziet, zijn ze niet geïnteresseerd. We zouden onze idealen en die van het leven in de bossen kunnen verenigen als we onze opgekuiste stukken land konden afwisselen met ruime gebieden waar de wilde natuur vrijuit haar gang kan gaan. Vele mensen denken dat dit een sentimentele manier is om de dingen te bekijken want, zo zeggen ze, het is voor ons noodzakelijk bomen om te hakken om te kunnen leven. Niettegenstaande in deze redenering een bron van waarheid schuilt, is onze westerse samenleving spilziek en roekeloos. Wat het land en het bos nodig heeft, heeft geen belang voor de gemiddelde, commercieel ingestelde persoon. Ik heb het ganse noordwestelijke gebied van de Verenigde Staten bezocht – momenteel het grootste houtwinningsgebied ter wereld – en ik heb kilometersgrote gebieden gezien van totaal verdord land waar enkel nog boomstompjes restten. Het leek er wel een nachtmerrie: verbrande houtstompen zonder enig teken van leven, zonder elfen die daar ooit uitbundig geleefd hebben, te zien dat de eens zo prachtige ceders, sparren en dennen afgeslacht en achtergelaten werden om te rotten.

Op de Pacific Highway nabij Vancouver is er een prachtige zone met oorspronkelijke bosbegroeiing. Toen ik er voor het eerst voorbijkwam, vond ik het één van de mooiste bossen die ik ooit had gezien. Het kende een rijke elfenpopulatie en er heerste een gevoel van enorm geluk. Maar toen ik later terugkwam, werd ik overvallen door een afgrijselijk gevoel van afschuw omdat de helft van die prachtige bomen waren omgehakt. Waar er ooit zoveel schoonheid heerste, was nu een lelijk, dor stuk land. Onder de weinige nog overblijvende bomen hing een gevoel van afwachtende angst. Ze keken hopeloos toe hoe andere bomen werden omgehakt en wachtten hun beurt af, aangezien ze niet konden vluchten. Ik vernam dat het houtbedrijf van de regering of private personen een enorme som geld had aangeboden gekregen of een gelijkwaardig bos op een andere plaats, als zij dit bepaalde bos zouden sparen. Het was één van de zeldzame originele bossen die nog overbleef in dat deel van de wereld. Denk aan het verlies voor de duizenden mensen op de Pacific Highway aan wie sindsdien het plezier ontzegd is gebleven om het hartcentrum van zo'n prachtig bos te doorkruisen!

De bossen die zich hier in de nabijheid van ons huis in New Hampshire bevinden, zijn kenmerkend voor de zomerbegroeiing in de ganse Verenigde Staten, met uitzondering van de westelijke Staten en het uiterste zuiden. De boomgeesten die we beschreven hebben, zijn fundamenteel gelukkig en blaken van levensvreugde. Ze houden ervan om met de aarde verbonden te zijn en te voelen hoe de zonnestralen hun lijf strelen en hoe de wind door hun bladeren blaast. Zij ervaren dit als een soort dans. Bomen houden van wind, zelfs van stormwind. Ze houden van de opwinding die ze voelen wanneer ze zich staande houden in een krachtige storm die hen heen en weer slingert. Wanneer ze tot hun spijt toch omwaaien, vatten ze dit filosofisch op. Ze zien dit als een soort van veldslag waarin slachtoffers kunnen vallen en zo op een natuurlijke wijze tot hun einde komen. De weelderige groei die hen omringt, krioelt van elfen. De dieren rennen heen en weer uit ijver voor hun werk of spel, en de bomen nemen dit alles in hen op, vol belangstelling voor de kleinste details van het leven in de bossen, en vervuld van een gelukkig en teder gevoel bescherming te bieden aan alle planten en dieren. Per slot van rekening zijn het de bomen die dit alles mogelijk maken.

Hier vinden we al de soorten elfen terug die we in de tuinen hebben gezien, op kleine verschillen na, aangezien het leven in de bossen anders is dan het leven in de tuinen. Zo zijn er meer soorten elfen, waaronder bijvoorbeeld kleine elfjes van ongeveer dertig centimeter groot, met een goudbruine kleur en menselijke contouren die zo vaag zijn als die van de boomgeesten. Qua gezicht hebben ze veel meer weg van aapjes dan van mensen. Ze leven op vochtige plaatsen in het bos waar ze zorg dragen voor kleine varens en mossen. Verder komt men er ook talrijke bruine en goudkleurige gnoompjes tegen, een soort die we reeds eerder bespraken. In het kreupelhout fladderen een aantal prachtige, donkerblauwe elfen rond, die een halve meter lang zijn. Beneden in de beek leven ook enkele waterelfen. Deze kleine, dunne wezentjes die eruitzien als helder lichtblauw water, hebben een tamelijk menselijk voorkomen hoewel ze amper vijfentwintig à dertig centimeter groot zijn. In meren en vijvers verblijft dezelfde soort waterelfen, maar deze zijn wat groter, met een lengte van zo'n vijfenveertig tot zestig centimeter. Zoetwaterelfen worden nooit zo mollig en dik als zee-elfen en, hoewel een groot deel van het aardoppervlak uit zoet water bestaat, zijn zoetwaterelfen in hun totaliteit minder talrijk dan zee-elfen. De zee blijkt hun oorspronkelijke thuis en geboorteplaats te zijn geweest. Hier en daar in het bos komen elfen voor die bijna op het niveau staan van de engelen. Ze hebben de grootte en de vorm van een mens en vertonen volmaakte gele en groene kleuren. Ze helpen om het leven in het bos in goede banen te leiden. Dit alles wordt waakzaam gekoesterd door een engel. De elfen, de bomen, de heuvels en de waterlopen waarover hij zich ontfermt, maken deel uit van zijn leven en ressorteren onder zijn verantwoordelijkheid. Hij is een machtige persoonlijkheid, die fysiek verbonden is met de vallei, op dezelfde manier als een boomgeest een lichamelijk onderkomen vindt in een boomstam. In dit geval is de engel, in tegenstelling tot de boomgeesten, intelligent en in staat krachtige gevoelens te ervaren. Op dat vlak gelijkt hij sterk op ons. Hij is een even reëel levend wezen als wij, en misschien nog een tikkeltje meer. Wanneer hij zich laat zien, neemt hij de gedaante aan van een bekoorlijk menselijk wezen, een versgeschoren jongeman met mooi donker haar, en een krachtig gevormd gezicht. Zijn lichaam is gehuld in een prachtig appelgroen. Het leven van het bos en van de vallei is doordrongen van zijn aanwezigheid.

Ik zal dit hoofdstuk afsluiten met een beschrijving van het prachtige Redwood bos in Noord-Californië – niet de gekende parken van Zuid- en Centraal Californië, maar het oorspronkelijke oerbos van het noordelijk deel van deze Staat. Het is een uniek, eeuwenoud woud, waar reusachtige Redwood bomen staan. Deze bomen zijn heel indrukwekkend omdat men aanvoelt dat ze zo'n hoge leeftijd hebben bereikt en zovele eeuwen hebben zien voorbijgaan, dat zij de geheimen van het leven kennen. Elke boom heeft een uitgesproken persoonlijkheid. Eén bepaalde boomgeest ziet eruit als een immens lange Amerikaanse indiaan, met rode en gouden kleuren alsof hij uit brons is gegoten. Zijn lengte die de negenhonderd meter overschrijdt, is alleen al bijzonder indrukwekkend. Zijn ogen zijn donkere speldenpunten en hij heeft zwart, grof, verwilderd haar. Hij straalt een enorm gevoel van macht, kalmte en geestelijke sereniteit uit, zoals iemand die reeds zoveel heeft gezien van het leven, met al zijn veranderingen en zijn kansen. Dit uitgestrekte gebied wordt door dergelijke boomgeesten bevolkt, en ook door enigszins vreemd ogende boselfen. Zij zijn uit dezelfde vorm gegoten als de boomgeesten, lijken ook op indianen, al dan niet met karikaturale trekjes, met hun lichtbruine gezichten, hun kleine, zwarte ogen en dezelfde roodgouden lichamen. Ook zij zijn beduidend groter dan de doorsnee elfen, zo'n negentig à honderdtwintig centimeter. Buiten deze twee soorten zijn er weinig andere variëteiten, maar beide soorten zijn sterk vertegenwoordigd in aantal. De boomgeesten, en in zekere mate geldt dit ook voor de elfen, hebben samen een onwaarschijnlijke leeftijd bereikt. Sommige bomen zagen voor het eerst het daglicht één, twee tot zelfs drieduizend jaar geleden. Ze bundelen hun levenskracht in hun boomtop, wat bij gewone bomen veel minder het geval is. Zij zijn gereserveerd, niet alleen omdat ze deel uitmaken van lang vervlogen tijden, maar ook omdat ze zo immens groot zijn. Ze hebben onnoembaar veel mensen onder hun kruinen zien voorbijlopen. Zij hebben ontelbare wezens zien geboren worden en sterven, zodat ze tot het besef zijn gekomen dat al wat bestaat van kortstondige, voorbijgaande aard is. Het is zeer moeilijk om met deze bomen te communiceren omdat hun gedachten in beslag worden genomen door voorbije tijden en gebeurtenissen en het even duurt voor ze belangstelling kunnen tonen voor nieuwe dingen.

De elfen daarentegen vonden het fijn om met mij te praten. Ze waren bijzonder geïnteresseerd in auto's en wensten, nieuwsgierig als ze waren, meer te weten te komen over het mechanisme en het gebruik ervan. Aangezien in hun denkwereld bewegen met vliegen wordt geassocieerd, vonden ze het zo grappig dat mensen in een klein rechthoekig doosje gingen zitten om zich voort te bewegen. Ze hebben altijd geweten dat mensen rondwandelden en vonden hen daarom eerder traag. Maar auto's vonden ze toch iets eigenaardigs. De elfen en de bomen vonden het jammer dat er wegen waren die hun bossen doorkruisten, zelfs al waren er op die welbepaalde plaats geen bomen neergehaald om wegen aan te leggen. Tegelijkertijd waren ze geïntrigeerd door deze voor hen nieuwe beschaving. Konden we ons maar voorstellen hoe het leven van deze bomen geweest moet zijn! Gedurende vele honderden jaren leefden alle elfen en dieren samen en hielpen elkaar, overeenkomstig hun natuur, in de schaduw van bomen die een vreemd innerlijk, sociaal leven ontwikkelden.

De boomgeesten hadden toen de gewoonte uit de boomtoppen tevoorschijn te komen om de wereld te overschouwen en met elkaar te praten over wat ze hadden opgemerkt. Ze converseerden over de mensen die ze hadden gezien, maar zij hadden niet het gevoel dat deze oudere generaties vreemden waren, terwijl onze moderne samenleving dat wel is voor hen. Mensen en bomen verstonden elkaar in deze lang vervlogen tijden en groetten elkaar bij het voorbijgaan. Ik vond het een vreemd gebeuren, toen ik keek naar een dergelijke scène die één van de bomen voor mij had opgeroepen uit het verleden. Zij hadden deze vorm van uitwisseling met de mensheid in het verleden op prijs gesteld en wachtten nu eerder bedenkelijk de toekomst af. Maar duizenden jaren ervaring hadden hen geleerd dat zelfs leven en dood van voorbijgaande aard zijn en aldus wachtten ze hun einde met een filosofische bedaardheid af.

Als elk van ons naar het bos zou kunnen gaan en deze wezens zien en begrijpen, zouden we een beter inzicht krijgen in de spirituele kracht van het leven zelf, wat toch de essentie is van religie. Het zijn zo'n vreemde, fantastische, edele en gereserveerde wezens! Kon ik maar een idee geven van wat ze zeggen en denken over hun verleden! Maar het is verschrikkelijk moeilijk om de eigenheid van het leven in het bos weer te geven zoals deze geesten het ervaren. Zij leren van het cellulair leven in hun eigen schors hoe moeilijk het is om te overleven. Zij nemen het leven rondom hen waar en zijn sterk vertrouwd met de dood aangezien het vaak gebeurt dat een boom in hun nabijheid omvalt en sterft nadat hij door de bliksem werd getroffen. Maar net zoals in het geval van de elfen leren de bomen door deze opgedane ervaring dat het leven nooit als dusdanig sterft en nooit verspild wordt. Omdat zij zich niet kunnen verplaatsen, denken wij dat ze minder levenservaring hebben, maar we hebben het bij het verkeerde einde. Het is niet door heen en weer te rennen dat men leert, maar door de ervaringen van buitenaf in zich op te nemen en zo het pulserende leven binnenin te voelen kloppen. Wij mensen proberen het lijden te ontvluchten. Als het regent, zoeken we een schuilplaats op. Als de dood komt, proberen we die te verbergen. De bomen laten toe dat het leven hen slagen toebrengt en proberen hieraan het hoofd te bieden. Bomen zijn de grootste realisten die ik ken, en deze grote, oude reuzen zijn de koningen van alle bomen.

8

Bergelfen

Met zijn besneeuwde, granieten bergtoppen die richting hemel wijzen, zijn de Rocky Mountains een lust voor het oog. Voor een nieuwkomer zoals ik, die de Rockies vanuit het oosten naderde, betekende dit een onvergetelijke ervaring. Toen we geleidelijk aan tot zo'n driehonderd meter boven de zeespiegel waren geklommen en we de bomen ver beneden ons zagen, hadden we het gevoel ons op het dak van de wereld te bevinden. En nog torenden de met sneeuw bedekte toppen van de Rockies boven ons uit. Het eerste wat door mij heen ging toen ik van dit fantastisch uitzicht genoot, was het gevoel dat ik in de nabijheid van machtige koningen was gekomen die over een prachtige wereld heersten.

Een aantal machtige engelen in de Rockies zijn verantwoordelijk voor deze gewaarwording van vorstelijke kracht – helder, zuiver, verheven en standvastig. Ze zijn groot en statig en verblijven op de belangrijkste toppen. Ze vormen als het ware een gezelschap op basis van de sympathie die ze voor elkaar voelen. Ondanks het feit dat ze er al duizenden jaren wonen, stralen ze nog steeds een gevoel uit van jeugdige vitaliteit, enthousiasme en wonderbaarlijk vertrouwen in de ultieme triomf van de schoonheid. Zij zijn machtig, kalm en sereen gelukkig. Hun overheersende, suggestieve kleur is net als sneeuw wit, met vanuit de diepte een rozige gloed. Ze stralen een schoonheid uit die beantwoordt aan het schoonheidsideaal uit de Griekse Oudheid. De kenmerken van de elfen uit de omgeving van deze engelen zijn uitzonderlijk interessant. De engelen op de bergtoppen gaan immers onophoudelijk om met luchtelfen, sneeuwelfen en bijna alle andere soorten, met uitzondering weliswaar van de vuurelfen, alhoewel ik denk dat ze tot op zekere hoogte zelfs met deze laatsten een contact onderhouden.

Ontelbare kleine elfen die we wellicht "elementalen" zouden kunnen noemen, brengen het sneeuwlandschap tot leven. Maar aangezien de sneeuw hier zo lang blijft liggen, vertonen zij heel wat gelijkenissen met elfen. Hun lengte schommelt tussen vijftien en dertig centimeter, en de textuur van hun lichaam heeft veel meer weg van sneeuw dan van bont. Hun gezicht bestaat net uit twee ineengestrengelde driehoeken die een zeshoekige ster vormen, met stippen op de plaats van ogen en mond, terwijl de uitstekende punten van de ster heel suggestief de plaats van de oren aanduiden. Hun totale gedaante gelijkt op een cocon van sneeuw. Hun uiterlijk bevat een aantal lucht- en waterelementen. Ze zijn niet bijster intelligent maar ontwikkelen een schitterend, zuiver gevoel dat overeenstemt met de pure uitstraling van de engelen.

Rond de engelen van de bergtoppen vergaren zich soms wolkenmassa's. De wezens die in deze wolken wonen, komen als het ware rusten en baden in de energiesfeer van de engelen. Tussen hen bevinden zich de wolkelfen, waarvan het merendeel duidelijk tot het element lucht behoort. De engelen van de bergtoppen zijn voor hen, en voor alle andere wezens, net bakens van kracht en wijsheid.

De rotsen waaraan de bergketen haar naam te danken heeft, bestaan uit grote hoeveelheden kristal- en metaalachtige formaties. Met deze metalen is een kleine gnoomsoort verbonden die in een verbazingwekkende verscheidenheid van kleuren voorkomt – felgeel, rood en bijna zwart. Hun geometrische gezichten zien er ontzettend oud uit. Ze hebben scherpe, schitterende ogen, net zoals vogels, metaalachtig, griezelig en mysterieus. Ze zijn hoegenaamd niet geïnteresseerd in mensen, die ze eigenlijk zo goed als nooit te zien krijgen, en houden zich het liefst schuil in het hart van de bergen. Ze voelen zich beschermd door de engelen en voeren het werk uit dat hen wordt opgedragen.

Op de hellingen, onder de met sneeuw bedekte velden, treft men min of meer gewone elfen aan. Kleine, vlinderachtige soorten in vrolijke kleuren en knappe, slanke elfen in pasteltinten bewegen zich daar al zwevend rond. Ze maken deel uit van deze plaats en bezitten dezelfde helderheid en zuiverheid die kenmerkend is voor alles wat hoog in de bergen leeft. Meer naar beneden toe, dichter bij het bebouwde land, bevinden zich nog andere elfen die uiteraard ook hun oorsprong vinden in deze plaatsen. Maar het spreekt voor zich dat de engelen met hun bijzondere persoonlijkheid een sterke invloed uitoefenen op de wezens van de hogere regionen, waardoor er een prettige harmonie tussen hen allen bestaat.

De middelste Rocky toppen zijn speciale centra van spirituele kracht van waaruit de engelen de wereld rondom hen gidsen en zegenen. Het is alsof het hoge metaalgehalte in de rotsen de engelen een duurzame, speciale kracht bezorgt, die ik bij gebrek aan een betere naam “spiritueel magnetisme” zou willen noemen. De engelen leven een heel apart leven waarbij ze met elkaar ervaringen en plannen voor de toekomst uitwisselen. Ze zoeken op individuele basis contact met elkaar en met tussenpauzes komen ze als groep samen. Naast hun algemene plannen hebben ze ook een soort dagelijks programma dat aanvangt bij zonsopgang, wanneer ze met hun gezicht gericht naar het oosten de vernieuwde kracht van de dag in ontvangst nemen alvorens deze door te sturen doorheen de bergen. Hun bedrijvigheid neemt toe tot het middaguur. Na een kleine middagpauze nemen hun dagelijkse werkzaamheden geleidelijk af, tot ze bij zonsondergang een vredevolle, ingetogen staat van welbehagen hebben bereikt. Bij het vallen van de avond worden hun plichten naar de elfen en hun bergen toe minder groot en dan zoeken ze elkaar op om te overleggen. Ze zijn zich bewust van de belangrijke rol die ze spelen onder het toezicht van de Continentale Deva (engel) in het vormgeven van Amerika, en in dit kader laten ze niet na soms ook bewust individuen te helpen.

De bekende Blue Mountains van Australië zijn ook heel apart. Het land is zeer oud en zijn onzichtbare leven is al even uniek als zijn planten, zijn dieren en zijn fysieke eigenschappen. Het dient gezegd dat ik dit boek niet zonder problemen heb proberen te wijden aan de elfen, en niet aan de engelen, en dat het niettemin onmogelijk is hen uit elkaar te houden omdat hun levens zo nauw met elkaar verbonden zijn. Maar ik zal proberen voornamelijk het elfenaspect in de kijker te zetten.

Elke top wordt bewoond door een engel. Aan de voet van een welbepaalde helling treft men elfen aan die het oorspronkelijke elfenleven van het platteland het best benaderen. In het geval van de Blue Mountains is er weinig variatie, want het gebied is zo goed als volledig begroeid met één bepaalde boomsoort – de eucalyptusboom. Het elfenleven dat met deze bomen verbonden is, kent geen verscheidenheid en zou eentonig zijn, als ze niet zo interessant waren. De meest voorkomende soorten die rond de basis leven, hebben bruine gezichten en volle, bijna vierkante, blauwe lichamen. Ze zijn zestig tot negentig centimeter groot en stralen niet alleen levendigheid uit, maar ook uithoudingsvermogen alsof ze veel hebben meegemaakt – heel wat meer dan de meeste elfen – en geleerd hebben meer te verdragen. Hun intelligentie is niet sterk ontwikkeld. Ze zijn eerder aan de trage kant maar tamelijk volhardend eenmaal ze besloten hebben om tot actie over te gaan. Deze blauwe wezens passen goed in het vreemde landschap waarin ze leven, dat zo'n gevoel van ouderdom uitstraalt dat je er ontzag voor krijgt. De sfeer van de bergen is zo vreemd en afgelegen dat het een gevoel van eenzaamheid opwekt. De bergen zijn net de bewakers van een oude vesting in een vreemde beschaving. Als een rots in de branding hebben ze de vele vreemde dingen die ze beleefd hebben, doorstaan. Maar het meest indrukwekkende is dat er geen speciaal welkomstgevoel heerst, men ervaart hier enkel volhouding en waakzaamheid. Deze bergen hebben helemaal geen menselijke trekken ontwikkeld; ze hebben hun primitieve aard behouden en men voelt in hun nabijheid het soort levenskracht dat heerste in de wilde en primitieve dagen van het zogeheten oude Lemurië.

Een beetje verder op de helling leven een aantal smaragdgroene kereltjes. Ze zijn kleiner en hebben puntige gezichten die stralen van geluk. Hun levendige smaragdgroene kleur steekt opvallend af tegen het saaie grijsgroen van de bomen, het donkerrood van de aarde en het grijs van de rotsen. Ze maken snelle bewegingen en ze doen een beetje denken aan de dwergkangoeroes die hier overvloedig voorkomen. Deze elfen interesseren zich wel voor de dieren en helpen hen zoveel mogelijk. Ook ons staren ze nieuwsgierig aan terwijl we naar boven klimmen. Hier, en eveneens hogerop, leven veel gnoomachtige wezentjes die we vroeger reeds beschreven hebben, en die sterke gelijkenissen vertonen met hun verwanten uit de Grand Canyon van Arizona.

We waren natuurlijk ook omgeven door de weldadige kracht van de geesten van de eucalyptusbomen. Ik zag een boomgeest uit een boomstam glijden en me aanstaren. Hij was ongeveer twee meter groot en had een langgerekt, ovaal gezicht dat op zijn minst dertig centimeter lang was, niet meer dan vijftien centimeter breed en bruinachtig van kleur. Ook zijn lichaam had een langwerpige vorm, was zilvergrijs en echt mooi. Zijn gelaatstrekken waren vaag en straalden een kracht uit die enkel op zichzelf gericht was. Ik voel me nog altijd sterk aangetrokken tot de boomgeesten van de oude eucalyptusbomen en heb vele vrienden onder hen. Zij zijn heel vriendelijk en vertonen schalkse humoristische trekjes. Herhaaldelijk heb ik mijn armen om hen heen geslagen en tedere knuffels met hen uitgewisseld. Ik heb hen vaak om raad gevraagd want aangezien ze zo oud zijn, zijn hun opvattingen doordrongen van een levensfilosofie die talloze jaren doorheen vaak barre omstandigheden is gerijpt. Ze hebben het niet gemakkelijk gehad in hun leven, en voelen zich gesterkt door de moeilijkheden die ze hebben meegemaakt.

Nog hogerop leven er enkele interessante elfen. Zij hebben dezelfde rode kleur als de aarde en vreemde maar prachtige gezichten die omringd zijn door een zilverachtige aura. Na een tijdland in hun gezelschap te hebben vertoefd, kwamen we uiteindelijk tot bij de engel van de berg. Hij is een grote figuur met voor een engel nogal magere trekken en diepliggende donkerblauwe ogen, een groot en gewichtig voorhoofd, hoge jukbeenderen, een neus van rijkelijke proporties en een volle mond – het hele gezicht één en al kracht en schoonheid. Zijn gelaatskleur is bruingebrand zoals een menselijke huid, zijn lichaam is diepblauw. Ik benaderde hem met respect, uiteraard was ik ook nieuwsgierig, en hij stelde me heel vriendelijk gerust. Hij voelde zich nauw verwant met zijn elfen en met het dieren- en plantenleven van zijn domein. Hij gaf me ook een gevoel van primitieve kracht. De wereld rondom hem nam hij waar vanuit een gevoel dat hij er reeds zo lang was geweest en dat hij reeds zoveel had gezien. Hij leefde in herinneringen: de vreemde mensen die daar duizenden jaren geleden hadden geleefd, de natuurrampen die hen hadden vernietigd en de opeenvolgende stammen, vreemde wezens en rare elfen die gekomen en gegaan zijn rondom hem. Er leven nog altijd enkele van deze zonderlinge elfen in de bergen, maar de hordes die hij ooit zag zijn flink uitgedund. Zij zien er half mens en half dier uit, in vreemde schakeringen van bruin en rood.

Zelfs bergtoppen die niet bijzonder hoog zijn, maar toch opvallend en geïsoleerd, hebben vaak een engel in dienst. Zo heb ik er één geobserveerd op de Mount Constitution op de San Juan eilanden in Washington. Dit is het hoogste punt van een redelijk centraal gelegen eiland in de totale eilandengroep. De top biedt je langs alle kanten een prachtig uitzicht. De zee-engte waarin de eilanden liggen, is omringd door verschillende grote pieken waarvan enkele nog met sneeuw bedekt zijn in de zomer. In deze groep staat de Mount Constitution echter geïsoleerd. De engel van dienst is bijzonder krachtig in verhouding tot de hoogte van de berg. Hij is de bewaker van alle eilanden en heeft van dit punt zijn hoofdkwartier gemaakt, dat hij verzadigd heeft van zijn speciale energie. Hij straalt zowel kracht als waardigheid uit en heeft een standvastig, rustig temperament dat bijzonder vriendelijk en wijs is. Ook toont hij opmerkelijk veel interesse voor mensen en is waarlijk op hen gesteld. Hij werkt volgens een bepaald plan om een speciale sfeer in stand te houden over alle eilanden heen, en dit beïnvloedt zijn elfen. Ook zij stellen zich vriendelijk en behulpzaam op naar mensen, want dit is de wens van de engel. Hij heeft daarnaast ook een gevoel tot stand gebracht dat het ontstaan van barrières tegengaat. Hierin heeft hij wonderbaarlijk veel geluk gehad toen een groot gebied, waarvan zijn bergtop deel uitmaakt, als staatspark werd benoemd en kon uitgroeien tot een dierenreservaat met veel herten, andere wilde dieren en prachtige bomen. Dit allemaal geeft de elfen de kans om de wensen van de engel te vervullen. Ik denk trouwens dat hij erin geslaagd is om een groot deel van zijn ideeën over te dragen aan de mensen die in en om de top leven, aangezien zijn oprechte vriendelijkheid naar de mensen toe hem de mogelijkheid biedt hen te begrijpen en te leiden. Het leven in afzondering op de eilanden alleen al maakt dat de mensen rustig en ontvankelijk zijn.

De aard van de elfen blijft variëren vanaf de voet van de berg tot aan de top. Eén van de meest voorkomende soorten is een fijngekleurde lavendelblauwe boself met een zeer bleek gezicht. Het is een uitzonderlijk lief wezen dat zich sierlijk voortbeweegt. Hogerop leeft ook een blauwe soort en nog zovele anderen, met als gemeenschappelijk kenmerk dat ze allemaal heel vriendelijk zijn. Ze kijken met bedeesde interesse naar de mensen die de berg beklimmen en voelen zich nauw verbonden met het hert, dat waarschijnlijk voor hun een bron van vreugde betekent. Hoog op de berg zijn er verschillende meren, als thuisbasis voor bijzonder mooie exemplaren zoetwaterelfen. Ze zijn blauw van kleur met een lichte, groene schijn – aquamarijn, vermoed ik – met delicate en proportioneel menselijke vormen die omringd zijn door dit doorschijnend materiaal. De zee rondom de steile voet van de berg brengt de verschillende soorten zee-elfen in beeld en geeft de bergengel een prachtig gevarieerde familie.

Het opmerkelijke van deze plaats is dat het niet alleen een reservaat is voor dieren, maar ook een toevluchtsoord voor elfen en zelfs engelen van de eilanden en het vasteland. De bijzonder prachtige combinatie van zee, berg, meren en bos behoudt, beschermt en creëert een schitterende plaats waar de engel met zijn sterke persoonlijkheid deze wezens aantrekt. Zij komen met de bedoeling raad te vragen en om van gedachten te wisselen. De engel is gekend in het ganse gebied. Hij doet ook altijd een speciale inspanning om mensen die naar de bergen komen, te helpen. En ik denk dat veel mensen zijn weldadige aanwezigheid voelen zelfs al weten zij niets van zijn bestaan af. De prachtige uitgestrektheid van zee en lucht, het verre vasteland en de verre besneeuwde bergtoppen monteren de gevoelige bezoeker zodanig op dat hij zich meer dan gebruikelijk aangesproken voelt om te reageren op de aanwezigheid van deze oudste, meest wijze en stimulerende inwoner.

Tijdens mijn kindertijd in Java, was het de engel van de grote berg die me het meest geholpen heeft met het begrijpen van de dingen waarover ik schrijf. Hij moedigde altijd grootsheid en standvastigheid aan en hij was het die mij beloofde dat ik meer en meer over het elfenleven zou te weten komen. Hij was niet alleen de eerste soortgelijke vriend van mijn leven, maar al die jaren stond hij tevens symbool voor de houding van engelen en elfen tegenover alle dingen. Zijn gezichtspunt bood geen ruimte voor achterbaksheid of bekrompenheid. Alle engelen zijn zo, maar hij was het die mij in het bijzonder deze grootse kracht toonde. Per slot van rekening laat het dagelijks contact met zo'n wezen een diepe indruk na op een kind. Zijn berg tekende zich bijna elke avond tegen de zonsondergang af en de wolken groepeerden zich rond de top. Plotseling, na jaren van bewondering, bevond ik mij als het ware naast de berggeest op zijn eigen bergtop. Hij had zichzelf vormgegeven als antwoord op mijn jarenlange, kinderlijke verheerlijking en verwondering, en maakte zich op deze manier aan mij kenbaar. Hij was groot, met indigoblauwe schakeringen. Rondom hem hadden zich indigoblauwe en gouden elfen geschaard. Hij straalde moed en vastberadenheid uit, samen met oprechte genegenheid en vriendelijkheid. Een wijze en verheven persoon, zoals hij, die reeds eeuwenlang een bepaalde plaats bezielt, kent al het leven dat daar aanwezig is bijzonder goed en voelt de gedachten en emoties van iedereen die tot zijn gebied behoort sterk aan. Zijn begripsvermogen neemt met de jaren toe. Deze engel had zijn invloedssfeer uitgebreid om mij erin te betrekken en bood mij ondersteuning omdat ik mijn aandacht naar hem had gericht.

Dit om te zeggen dat bergen, als symbolen van de grootsheid van de ziel, een enorme, hartverheffende invloed kunnen uitoefenen op iemands leven. Iedereen die de bergen als vrienden beschouwt, kan zich door hen laten inspireren.

9

Waterelfen

In de zeeën, die de meeste mensen zich voorstellen als blauwe, door de wind bewogen golven en door vissen bevolkte diepten, krioelt het van duizenden zee-elfen in allerlei soorten. Zij maken evenzeer deel uit van de zee als de vissen. Zij zijn typische waterschepselen die uitsluitend kunnen leven in water. Er zijn verscheidene soorten elfen in evenveel kleuren en vormen in de verschillende wateren, maar over het algemeen kon ik drie hoofdsoorten onderscheiden.

Eerst zijn er de elfen die aan het oceaanoppervlak leven in dichtbij land gelegen zee-engten en baaien. Voor mezelf noemde ik hen vaak "waterbaby's" omdat ze eruitzien als dikke, rondbuikige mensenbaby's, en daarom zijn ze ook de meest schattige wezens die men zich kan inbeelden. Een gezichtje perfect rond ter grootte van een schoteltje, praktisch zonder hals, een zo goed als ronde romp met een diameter van ongeveer vijfenveertig centimeter, haast geen voetjes en twee vinachtige handjes met min of meer goed gevormde vingers. Het hele wezentje is gevormd uit een helblauwe zachte textuur, met grote, vrolijke ogen in een witachtig gelaat, bijna haarloos maar met een schijn van babydons en oortjes als knopjes zo klein. Met een dergelijk beeld in gedachten heeft men een goede voorstelling van deze leuke waterbaby's. Kleur en grootte kunnen verschillen al naargelang de oceaan, maar dit type zee-elfen komt het meeste voor.

Ze rollen en tuimelen over elkaar heen en beleven de leukste momenten in de golven. Ze vertoeven meestal in groepjes van drie, vier of meer, soms in groten getale vrolijk rollend en drijvend langsheen de kust. Van alle elfen die ik heb gezien, lijken zij mij het gelukkigst en ze stralen een erg vriendelijk gevoel uit naar mensen toe, die ze eerder bekijken als plechtstatige, ernstige sukkels. Verder kunnen zij hun vitale energie op ons overdragen om onze energievoorraad bij te vullen als deze uitgeput is. Wanneer men zich erg moe voelt en zich op dat moment naar zee begeeft om bewust enkele van deze wezens aan te trekken en hen te vragen wat van hun vitaliteit aan te reiken, dan voelt men zich, denk ik, in een paar minuten tijd een heel ander mens. In Sydney had ik de gewoonte naar een dok in de haven te gaan waar ik me na een paar minuten herboren voelde. Immers, waterbaby's bewonen alle kusten en zoutwaterhavens, hoewel ze wellicht het meest voorkomen aan de Californische kust en aan die van Florida. Ik kom hier later nog op terug.

Als we de kust en daarmee de waterbaby's achter ons laten, en we ons richting diepzee begeven, dan ontmoeten we de elfen van de middenzee die geheel verschillen qua verschijningsvorm en aard. Deze elfen zijn groter, zo tussen anderhalve meter tot ruim twee meter, en ze hebben een mensachtige verschijning. Ze zijn zeer dun en lijken daardoor wel op levende geraamten, doch ze zijn in het geheel niet lelijk. Hun schoonheid is, om zo te zeggen, temperamentvol. Ze zijn graatmager maar aantrekkelijk, in hun handeling en tot op bepaalde hoogte in hun uiterlijk vergelijkbaar met een rasechte Russische wolfshond omwille van hun langwerpige, doch humaan gelaat, lange neus en spleetachtige mond. Ze hebben grote diepblauwe ogen en op zeewier gelijkend haar van een blauwzwarte kleur. Het gelaat zelf heeft een bleke, beige tint; het lichaam daarentegen is omgeven door een indigoblauwe substantie dat eerder als vloeiend chiffon golft en rondom hun wezen stroomt. De uiteinden van hun armen hebben geen uitgesproken vorm, hun benen zijn meestal vaag. Hun nevelige, vloeiende bewegingen zijn moeilijk te duiden; mijn beschrijving doet hen eigenlijk geen recht want zij zijn waarlijk mooi, zij het op hun eigen manier.

Van nature zijn ze gelukkige wezens hoewel dit gelukkig zijn veel van het temperament van de vurige, wilde zigeunergeest, of van een storm op zee in zich heeft (ze dol zijn op stormen), zelfs wanneer de zee kalm is. Hun lichaam zwaait ritmisch heen en weer op het ritme van de zee. Tegenover mensen staan ze eerder onverschillig. Ze verblijven niet steeds aan het zeeoppervlak maar komen van tijd tot tijd vanuit de diepte, van zo'n twintig meter en meer, naar boven om op te gaan in hun ervaringen in de bovenste laag van de zee.

Het derde hoofdtype elfen vindt men terug in de peilloze diepten van de oceanen. Ze zijn eveneens groot van gestalte, maar onaangenaam om naar te kijken omwille van hun eerder dierlijke, op gorilla's gelijkende verschijningsvorm. Het lijkt alsof ze helemaal bedekt zijn met een donkerblauwe pels, hoewel de materie zelf uiteraard het zuiver fysieke overstijgt. Voor zover ik weet, bevinden zij zich op de laagste trap in de evolutie van de waterelfen. Ze zijn haast verstoken van intelligentie en beschikken enkel over een primitieve vorm van emoties. Ze zijn noch mooi noch aangenaam. Hoewel ze bestaan uit een dichte materie, zodat men ze bijna kan zien met het fysieke oog, worden ze zelden waargenomen, daar ze bijna nooit tot aan de oppervlakte komen. Hun eigen nieuwsgierigheid voert hen soms tot aan de bovenlaag van de zee, of hun aanvoerders roepen hen naar boven in hordes voor een soort van “zee-uitstap”, omdat het zee-oppervlak grotendeels vreemd is voor hen. Zo worden ze meestal ’s nachts, bij maanlicht, omhoog gevoerd daar zij niet goed bestand zijn tegen het verstorend effect van fel zonlicht. Bij een dergelijke gelegenheid heb ik er een paar kunnen waarnemen. Ik vroeg de engel van een strand in Australië wie ze waren en hij vertelde me over hen. Ik voelde me wat ongemakkelijk in hun nabijheid en ze staarden me boosaardig aan. Als vanzelfsprekend staan ze vijandig tegenover de mens.

Over het algemeen zijn waterelfen niet zo intelligent als hun tegenhangers van het land, maar ze hebben zo hun eigen bezigheden die ik, hoewel dit zeer moeilijk is, zal trachten uit te leggen. Vooreerst kan ik algemeen stellen dat, wanneer zee-elfen naar de zee kijken, ze een gevoel ervaren deel uit te maken van een omvangrijke, ritmische beweging. Zo kunnen ze alle vissen, planten en overige levensvormen in de zee – in feite alle stromen van levensenergie – gewaarworden. Dit komt, in het algemeen en in abstracte zin, neer op een gevoel van verwantschap met een groot deel van al het leven dat in zee aanwezig is. In het leven van een zee-elf is het hoofddoel het uitoefenen van zijn functie die, hoe ze ook wordt uitgeoefend, kan beschreven worden als het differentiëren van energie. Het lichaam van een zee-elf is enigszins vloeiender, dus anders opgebouwd als dat van een landelf. Het hart, dat het centrale orgaan blijkt te zijn en waarvan hij de hartslag – of hoe we het variabele ritme ook willen noemen – kan beheersen, brengt een pulserend gevoel voort. De taak van de zee-elf bestaat in het verdelen van energie die eerst wordt aangetrokken vanuit de zon, doorheen orgaantjes aan de oppervlakte van hun lichamen, om die dan weer uit te stoten in de zee. Net als andere elfen kennen ze vele spelletjes maar voor het grootste gedeelte tollen ze speels rond. Iedere elf koestert een diepe bewondering voor hun engel en hij kijkt meestal uit naar de grote bijeenkomsten die de zee-engelen houden bij volle maan. Deze bijeenkomsten vormen één van de voornaamste gebeurtenissen in hun leven daar ze qua andere interesses niet zo erg geëvolueerd zijn.

Niettegenstaande oefenen deze elfen een merkwaardige functie uit ten opzichte van het water zelf. Het blijkt dat deze schepsels handelen tegenover het leven in de zee zoals de landelfen dat doen tegenover de planten. De landelfen passen het energieniveau aan bij iedere plant individueel, daar waar de zee-elfen ingrijpen op het water als geheel en, op deze indirecte manier, op alle levende wezens die in dat water leven. Hun lichamen zijn op een bijzondere manier en speciaal voor dit werk opgebouwd. Zoals ik reeds zei, hebben ze, net als andere elfen, een hartcentrum dat bij hen echter rechtstreeks verbonden is met lichtgevende punten, zeg maar sub-centra, waarmee hun lichaamsoppervlak bedekt is. Wanneer de elfen bewegen, komt een bepaalde zuigkracht tot stand in deze punten, waardoor vitale energie in hun lichaam getrokken wordt. In dit proces zijn twee soorten energie betrokken: die van het zonlicht en die van het water. Het hartcentrum van de elf kan men beschouwen als een mengbeker voor deze twee soorten levensenergie. Nu bevinden zich in de zee zelf, op min of meer vaste posities ten opzicht van elkaar, een soort van draaikolken, die waarschijnlijk magnetisch zijn in de etherische wereld. Op het ogenblik dat de elf meer energie heeft opgenomen dan hij zelf nodig heeft, stoot hij het teveel ervan uit via zijn sub-centra en slokt de dichtstbijzijnde draaikolk deze energie op. Daar wervelt ze rond, en wordt van de ene naar de andere kolk gevoerd teneinde de lading gelijkmatig over de verschillende kolken te verdelen. Op deze manier stoten de elfen de hele dag lang, onbewust, energie uit en laden ze de zee op met een magnetische kracht die alle levende wezens die erin leven, in stand houdt. Genoemde draaikolken staan ook in een bepaalde relatie tot zeestormen, maar deze functie zal ik later trachten te verklaren. De hoofdtaak van de waterbaby's bestaat in het opladen van deze etherische draaikolken. De elfen van de middenzee hebben dezelfde taak, alleen zijn zij verantwoordelijk voor een groter gebied daar er van dit type elfen minder aanwezig zijn. Zij zijn eveneens belast met de leiding over het derde type zee-elfen – de "gorilla-achtigen" – die op grote diepte leven en voornamelijk een dichtere soort van energie uitstoten.

Over het algemeen zijn waterelfen in meren en stromen niet zo talrijk aanwezig als in de zee, zelfs niet in grote zoetwaterplassen zoals de Grote Meren, hoewel er daar natuurlijk wel een aanzienlijk aantal te vinden zijn. De zoetwaterelfen verschillen enigermate van hun soortgenoten uit de zee door hun delicatere, menselijkere verschijningsvorm en hun grotere aangepastheid aan hun leefomgeving, voor wat hun kleur zowel als wat hun bewegelijkheid betreft. Te midden van de vele verschillende elfen, heb ik hoofdzakelijk twee soorten vastgesteld, de kleine soort die huist in watervallen en waterplassen, ongeveer vijfentwintig à dertig centimeter groot, en de grotere soort die tot bijna een meter groot kan zijn. De kleine waterelfen hebben een haast perfect menselijk gelaat en lichaam en zijn opnieuw blauw, maar in dit geval eerder turkooisblauw als we ze terugvinden in stromen, of eerder regenboogblauw als we hen in watervallen tegenkomen. Ze hebben een hartvormig hoofdje, goed geproportioneerd ten opzichte van het lichaam; hun handjes en voetjes zijn klein, en sommige elfen hebben een sterk vrouwelijk uiterlijk. Soms wandelen ze wat rond op de oevers. De grotere soort zoetwaterelf heeft een iets diepere blauwe tint en zijn gezicht heeft niet zo'n menselijke trekken als dat van hun kleinere collega's, doch beduidend meer dan hun soortgenoten van de zee. Alles samen genomen komt hun uiterlijk alleszins menselijker over, meer bepaald hun haar en ogen, hoewel deze laatste niet steeds op dezelfde manier uit elkaar staan dan bij mensen het geval is.

De zoetwaterelfen zijn slank, mooi en aardig, maar zijn niet zo levendig als de zee-elfen. Ze hebben een grotere interesse in de mensen en houden ervan om ons gade te slaan. Net zoals tuinelfen en boswezens zingen ze graag en maken zelf mooie muziek.

Meren en watervallen worden eveneens door elfen bewoond; dankzij hun zachtaardige natuur koesteren zij een gevoel van vriendelijkheid tegenover mensen en, in het bijzonder, tegenover kinderen. Hun vriendelijkheid naar vissen en andere waterbewoners toe is te vergelijken met onze eigen vreugde wanneer we zwemmen of spelen in en rond waterpartijen. Deze kleine wezens van iets meer dan een halve meter groot zijn gekenmerkt door een bijzondere zachtaardigheid. Zij reageren op het inherent ritme van water en tevens op dat van onze muziek waar ze dol op zijn. Wanneer mensen muziek maken op de oevers van rivieren en meren, komen elfen dichterbij om er intens van te genieten. Zij verrichten hetzelfde werk als de zee-elfen maar op kleine schaal. Gezien ik het grootste gedeelte van mijn leven aan zee heb doorgebracht, heb ik niet zoveel ervaring met zoetwaterelfen; als ik er wat meer van had gezien, zou ik er meer over kunnen vertellen. Ik heb echter wel een aantal grote waterpartijen, die bezield worden door een prachtig bewustzijn, zorgvuldig kunnen observeren.

Zo heeft bijvoorbeeld de Mississippirivier een heel eigen karakter. De elfengemeenschap die deze stroom bezielt is erg oud, beschikt over een geweldige kracht en blijkt langer te leven dan gebruikelijk is voor zoetwaterelfen. Ze zijn echter niet zo mooi als hun soortgenoten in meren of heldere stromen. Watergeesten die in troebel water vertoeven, hebben doorgaans een minder menselijke verschijningsvorm. Die van de Mississippirivier echter zijn behept met een immens gevoel van levensvreugde dat je kunt vergelijken met dat van zee-elfen. Zo vinden ze het ongelooflijk fijn om zonneschijn op het water te voelen. Ze houden van beweging en reizen stroomopwaarts en -afwaarts terwijl ze voortdurend van plaats wisselen met andere rivierelfen. Deze veelvuldige verplaatsingen maken van hen doorgaans intelligentere wezens dan de meeste andere elfentypes. De riviergeest zelf, een grootse oude persoonlijkheid die niet van enige schalksheid ontdaan is, maakt deze elfen nog levendiger en al even guitig als hemzelf. Het gezegde "Old Man River" is meer dan een dichterlijke uitdrukking. Hij is een zeer levendig wezen. Hoewel hij haast nooit vorm aanneemt, ziet hij er, indien dat toch gebeurt, heel traditioneel uit als Vader Tiber. Er zit veel waarheid in deze volkslegendes, oude volken stonden dichter bij de natuur dan wij nu, en wisten er derhalve meer vanaf. Old Man River is een merkwaardige persoonlijkheid. Hij brengt tegelijkertijd een gevoel van macht en *joie de vivre* over, maar zijn vermaak neemt voor mensen vaak een rampzalige vorm aan. Zo zag ik hem op die wijze aan het werk toen ik toevallig ter plaatse was als de Mississippi buiten haar oevers trad. Het was vanzelfsprekend een verbazingwekkend schouwspel om te zien hoe de kracht van het water onverbiddelijk duizenden hectaren land overspoelde, maar voor Old Man River was dit slechts een lolletje, dat hem een gevoel van groei en vrijheid gaf, het gevoel wel iets te kunnen bewerkstelligen. Uiteraard voltrekt een verschijnsel van dit allooi en met deze kracht zich niet louter voor zijn plezier; doch, wanneer een grote, natuurlijke ontlading noodzakelijk is, waarom dan niet op een voor hem plezierige manier? Hierbij mogen we niet vergeten dat noch leven, noch dood betekenis hebben voor wezens als Old Man River, een erg oude persoonlijkheid die reeds zovele malen met beide facetten van het bestaan werd geconfronteerd.

Waterelfen in het algemeen, en zee-elfen in het bijzonder, zijn niet geïnteresseerd in de mensen. Wij hebben geen toegang tot hun leven vermits we de zee slechts in geringe mate kunnen schaden. En dus staan ze eerder vriendelijk tegenover mensen wanneer onze paden elkaar kruisen. Zo zijn ze, in tegenstelling tot de landelfen, niet verlegen; hun levensomstandigheden worden minder door ons bepaald, dan dat dit het geval is voor hun elfgenoten op het land. Waterelfen zijn zeer geïnteresseerd in het element dat ze bewonen en dat krioelt van leven. Hun hoofdbezigheid bestaat uit de zorg om de duizenden levensvormen die zich in de zee en in zoet water ontwikkelen.

Voor elfen is de zee verdeeld in kilometers grote gebieden die eerder kleiner zijn aan de kust, en groter in volle zee. Elk gebied wordt bewoond en geregeerd als een koninkrijk met aan het hoofd de engel van dat gebied, die dus geen elf is. Sommige van deze engelen zijn niet bepaald geëvolueerd, hoewel andere dan weer over zowel een gigantische verschijningsvorm als een vergevorderde geest beschikken. Ze zijn de leiders van de elfen en beheersen de energiehuishouding in de draaikolken. Deze entiteiten bevinden zich meestal in één van deze draaikolken om van daaruit hun eigen energie te verspreiden en alle leven in het eigen gebied te leiden; ze hoeven niet noodzakelijkerwijs een vorm aan te nemen maar kunnen dit op elk gewenst moment. Hun schoonheid is steeds perfect, met een ideaal, menselijk uitziend silhouet, getooid met een veelkleurig halo of aura dat de hele vorm omgeeft. Deze engelen zijn zeer intelligente wezens; doordat ze onze gedachtestroom kunnen opvangen is het veel gemakkelijker om met hen te communiceren dan met de elfjes die in de communicatie meer duidelijkheid en objectiviteit nodig hebben. Ik mag wel stellen dat sommige van mijn beste vrienden behoren tot deze land- en zee-engelen. Ze zijn steeds in de buurt, blij je te zien en, om deze laatste reden, betrouwbaarder dan mensen. Bepaalde waterplaatsen, zoals grote havens, hebben vaak grootse engelen-leiders, maar deze entiteiten vallen buiten het eigenlijke onderwerp van dit boek.

10

Vuurelfen

Er zijn twee soorten vuurelfen: de kleine soort, van tien centimeter groot tot iets meer dan een halve meter lengte, met een niet-menselijke vorm en een wazige contour. De hele kleine exemplaren hebben meer weg van kaarsvlammetjes, ze behoren eerder tot de klasse van de elementalen dan tot de elfengemeenschap als dusdanig. Sommigen lijken zelfs op insecten, hagedissen of kevers. Ze verschijnen in kleine bosbrandjes en worden in het leven geroepen door het ritme van de brand die ontstaat door de vibratie die het geluid van de brand uitzendt. Dit ritme kun je vergelijken met een harmonische aanroeping die uitsterft wanneer het vuur dooft. Deze beschrijving is enkel van toepassing op het kleinste type vuurelfjes die in kleinere brandjes vertoeven, zoals een haard- of een vreugdevuur. Het grotere type is tussen de anderhalve meter en iets meer dan vier meter groot; we noemen ze "vuursalamanders". De grootste vuursalamanders vinden we terug in vulkanen; ze hebben een langgerekte, smalle menselijke verschijningsvorm die inkrimpt naar het onderste uiteinde toe. Ze zouden eveneens vertoeven in bosbranden; hoe groter de brand, des te groter de salamander. Ze worden op een bepaalde afstand tot het vuur aangetrokken, eerder dan in het leven geroepen, vermits er heuse "verblijfscentra" bestaan voor deze vuurgeesten die bij een bosbrand vanuit genoemde centra worden opgeroepen. Vuurelfen verplaatsen zich dus meer dan andere elfen, ook omdat ze niet zo talrijk zijn als andere soorten elfen. Ze zijn veruit intelligenter dan tuinelfen maar er is een grotere afstand tussen hun leefwereld en de dichter bij de mensheid gelegen leefwereld van de landelfen. Ze staan eigenlijk haast op geen enkele wijze in relatie tot mensen. Als zij ons al beïnvloeden dan gebeurt dit van hun kant onbewust door tussenkomst van de natuur zelf. Hun voorliefde voor muziek vormt de enige band met de mensheid. Zo komen ze speciaal tevoorschijn bij het horen van bijvoorbeeld Wagner's vuurmuziek uit de *Ring des Nibelungen.*

In het verleden hadden mensen waarschijnlijk meer macht over salamanders in het dagelijks leven en bestond er op die manier een intensere band tussen beiden, maar het gevoel van salamanders tegenover mensen is er altijd één van onverschilligheid geweest. In tegenstelling tot de meeste elfen zijn salamanders niet bepaald nieuwsgierig; de mensheid interesseert hen niet. Ze zijn niet alleen verschillend van ons, maar op velerlei wijze zelfs gevaarlijk voor mensen. We mogen per slot van rekening niet vergeten dat ze de kracht bezitten om sterke, emotionele stromen op te wekken. Deze stromen zijn noch op zichzelf noch vanuit het standpunt van de salamanders kwaadaardig, maar voor mannen en vrouwen zijn ze uiterst ophitsend en daarom gevaarlijk. Wij, mensen, zouden macht kunnen verwerven over deze elfen maar het omgekeerde doet zich, omwille van de onaangename gevolgen, beter niet voor; het is dus raadzaam om slechts dan in contact met hen te treden wanneer men precies weet waar men mee bezig is.

Vuurelfen of salamanders hebben niet meteen de reputatie gevreesd te zijn in de natuurwereld, ze inspireren daarentegen wel tot ontzag. En hoewel vuur een eerder destructieve rol in de natuur beschoren is, slaat deze vernietiging, in tegenstelling tot wat de meesten wellicht denken, nooit toevallig of zonder reden toe. Vuur wordt wel degelijk door een bepaalde intelligentie gestuurd. Hoewel vuurelfen een rol in de schepping te vervullen hebben, zijn ze op zich veel intelligenter dan de gemiddelde elf omwille van hun grotere verwantschap met het koninkrijk der engelen. Zo vinden we hen terug in de diepten van de aarde zonder dat het aardcentrum hun vaste verblijfplaats is. Ze bewegen voortdurend tussen het aardoppervlak en de iets diepere aardlagen. Men kan ze echt opvatten als een symbool van vuur; de eigenschappen van dit element worden weerspiegeld in hun bewustzijn en wezen. Het is moeilijk de vitale aard van het vuurelement uit te drukken in de natuur omwille van het vernietigende karakter ervan dat, desondanks, ook een creatieve kracht inhoudt. De vele aspecten van vuur zijn voor ons allen een mysterie en de elfen die eruit voortkomen zijn buitengewoon intelligent in de voor ons gebruikelijke zin van het woord.

De beste gelegenheden om salamanders te observeren zijn over het algemeen de grote branden die in de natuur voorkomen, en het lijkt me dan ook het interessantste enkele daarvan te beschrijven.

Een vulkaan biedt zowel op het zuiver fysieke als het etherische plan een prachtig schouwspel en omvat een grote concentratie aan energie en activiteit. Men vindt vele vuurgeesten in vulkanen, variërend in lengte van twee tot vier meter. De vorm van hun gelaat, hoewel menselijk van uitzicht, herinnert aan de conventionele afbeeldingen van Mefistofeles, zonder daarom te doen denken aan het kwade. In feite zijn ze zelfs knap in hun verschijning. Hun gezichten springen te voorschijn uit de vlammen en het uiteinde van hun lichamen zinkt onzichtbaar weg in het centrum van de vulkaan, om er op te lossen in de vurige substantie. Daarnaast wordt de vulkaan bewoont door een aantal grote vuurengelen met prachtige, menselijke gezichten die een meedogenloze afstandelijkheid uitstralen. De hele plaats is in beweging, als één grote dans op een onhoorbaar ritme, doordat de beweging van deze vuurwezens voortdurend muziek voortbrengt.

Een vulkaan is een uitlaatklep voor de immense hoeveelheid energie die opgeslagen ligt in de aarde; deze ruwe energievorm is op een ons nog onduidelijke wijze noodzakelijk voor de opbouwende processen in de natuur. De vulkanen die ik heb gezien in Oost-Indië waren nog actief. Na ze gedurende een periode van vele jaren herhaaldelijk te hebben geobserveerd, ontdekte ik de leidende entiteit, een engel met een gigantische gestalte en mooie gelaatstrekken. Zijn indrukwekkende waardigheid kwam tot uiting in de wijze waarop hij de grote, subtiele krachten, die parallel lopen met de fysieke krachten van de eruptie, controleerde en leidde. Immers, slechts op de aardkorst is leven mogelijk en deze korst bestaat uit een dunne laag. Honderden kilometers onder deze aardkorst zijn geen normale fysieke levensvormen te bespeuren, en wanneer de enorme reserves van deze elementaire energie worden losgelaten op de aarde, dient deze stroom geleid te worden. De grote engel, samen met zijn soortgenoten en helpers, ziet hierop toe. De elementaire energie is niet complex: de lagere salamanders gebruiken de grovere vorm, terwijl de engelen de fijnere vorm van energie omzetten. Dit laatste is een werkje dat concentratie vergt, vermits de energie doorheen hun eigen lichamen dient te stromen. Dit is ook de reden waarom de krachtige en waardige uitstraling van de grote engel zo vanzelfsprekend is; de taak die hem werd toebedeeld, is immers groots en moeilijk. Uiteraard brengt dit werk terzelfder tijd ook veel plezier met zich mee, en allen genieten zo intens van de beweging, de muziek en de flakkerende vlammen dat het prachtig is om te zien. Ooit was ik dichtbij een andere, kleinere vulkaan op Java, gelegen temidden van een dorre zandvlakte. In het verleden had de verering van de vulkaan door mensen zo'n vormen aangenomen dat de salamanders zich, meer dan andere vulkaanelfen, begonnen te interesseren in de mensen. Bij het aanschouwen van deze vereringsrituelen probeerden ze een reactie aan de mensen te ontlokken, om hen te laten ondervinden dat ze evenzeer levende wezens waren als mensen dat zijn. Dit kon soms onaangename gevolgen hebben, daar hun gevoelswereld zodanig verschilt van de onze, dat wij, alles welbeschouwd, eerder op een onplezierige manier reageren op hun poging tot contact.

Ook een bosbrand begint klein, uiteraard, en we vinden in dit aanvangsstadium slechts enkele hagedisachtige, vluchtige vuurwezentjes. Als de brand echter langzaam in omvang toeneemt en ook de bomen vuur beginnen te vatten, worden de grotere vuurelfen opgeroepen, welke op hun beurt vrolijk dansend en flakkerend in het vuur treden om de kleinere bezielers ervan te vervoegen. De meeste boselfen rennen weg van de brand. Ze trachten zoveel mogelijk dieren en andere levende wezens te helpen maar kunnen helaas weinig doen; hen rest niets anders dan te vluchten totdat het vuur is uitgewoed. Grote bomen, door het vuur verbrand, zijn uiteraard dood; de boomgeesten trachten zich evenwel zo ver mogelijk in de overblijvende boomstronk terug te trekken teneinde het levensbeginsel van de boom te vrijwaren. Van nature voelen zij aan dat de vuurwezens niet bepaald hun vrienden zijn, maar de elfenwereld heeft een andere kijk op tragische gebeurtenissen dan mensen. Vanzelfsprekend zijn de woudelfen triest bij het zien van zoveel verbrande planten en het daarmee verloren gegane van zoveel geïnvesteerde liefde en werk. Echter, realistisch als ze zijn, beginnen ze onverwijld en met dubbele kracht met het opnieuw opwekken van de nog aanwezige levensbeginselen in de verkoolde overblijfselen. Het minste zweempje leven wordt opgespoord en verzorgd. Bij het uitdoven van de bosbrand, druipen de salamanders af.

Waar gaan ze heen? Het antwoord op deze vraag is erg interessant.

Toen ik in de Grand Canyon van Arizona was, mocht ik getuige zijn van een uniek verschijnsel. De Canyon wordt namelijk bewoond door een buitengewone engel, niet enkel omwille van de indrukwekkende verhoudingen van zijn gestalte, maar evenzeer door het edele, spirituele karakter van dit schitterend wezen dat in elk opzicht past in de eigenheid van het geografisch kader. Zijn fysiek lichaam is de Canyon, dit betekent dat zijn bewustzijn de hele kloof van de Canyon, met zijn meer dan driehonderd kilometer lengte, bijna eenentwintig kilometer breedte en ook bijna twee kilometer diepte, omvat. Hij draagt zorg voor en bezielt de hele regio. Indien hij een vorm aanneemt, dan krijgen we een prachtige, statige menselijke vorm te zien van bijna tien meter lengte, met donker haar en donkere ogen, als het ware gehuld in gloedvolle klederen van licht. Hij beschikt over vele engelen van lagere rang om hem bij te staan in zijn taak, maar hij staat wel degelijk aan het hoofd van allen. Zo bevinden zich onder zijn rangen een aantal elfen die ik nergens anders ben tegengekomen. Ze zijn tussen de halve en één meter groot, hebben vreemde gezichten en zijn gehuld in een vurig paars glinsterend licht. De meeste van hen leven iets onder het aardoppervlak, anderen dolen dan weer rond in de Canyon of stijgen zelfs uit boven de Canyonrand. We vinden er tevens een ander, wat kleiner type wezen, misschien zelfs nog geen halve meter of zo groot, bruin met rode strepen, met een halfmenselijk gelaat en lichaam. Ze leven binnen in de aarde en komen eerder overeen met de klassieke beschrijving van het oude, voorovergebogen aardmannetje, wiens puntige kin verkeerdelijk voor een baard zou kunnen worden aanzien. Diep onder de rivierbedding zelf woont nog een andere soort vuurelf, zoals de grote salamander, in wat we een vuurgrot zouden kunnen noemen.

In deze grot schijnt duidelijk sprake te zijn van een centrum van pure onderaardse energie, vergelijkbaar met dat van een vulkaan maar dan met een ander doel. De engel van de Canyon bestaat uit dezelfde energie en geeft een puur elementaire kracht af. Hij houdt toezicht op het werk dat in de hele Canyon wordt verricht; door zijn aard, welke gelijk is aan die van de Canyon zelf, kan hij deze regio doorgronden en beschermen. Het werk zelf wordt uitgevoerd door andere engelen die een verschijningsvorm hebben die vergelijkbaar is met die van de vulkaanengelen, maar die tevens fijner zijn, en van een hogere orde.

Vanuit de vuurgrot waar de machtige vuurengelen worden gesignaleerd, vloeien lichtende energiestromen in en doorheen het lichaam van de Canyonengel. Deze energie straalt uit naar alle delen van de Canyon en ver daarbuiten, maar vertegenwoordigt echter slechts het overschot aan vitale krachten, waarvan het grootste gedeelte aangewend wordt in de vuurgrot zelf. Daar zien we hoe de grote vuurengelen de elementaire aardkracht uit de aardkommen opnemen, deze in hun lichamen laten wervelen om ze vervolgens uit te storten in een gemeenschappelijk reservoir. Hieruit putten de engelen, die het ontstaan van vuurelfen en salamanders begeleiden, in de mate dat ze "grondstof" nodig hebben. Zij stellen het ritme in waarop zij de benodigde energie uit het reservoir trekken. De energie wordt door middel van hun gedachtekracht in een vorm gegoten, om vervolgens, met een soort van bijzonder, snel ritme (dat men in India een mantram zou noemen), het zojuist vormgegeven en geactiveerde wezen leven in te blazen. Door deze handeling komen de vuurelfen tot leven. Over het algemeen zijn twee engelen bezig met de creatie van een salamander; door dit gegeven draagt iedere vuurelf de essentie van vuur in zich. Na hun creatie blijven ze uiteraard niet op deze plek maar bewegen zich naar die plaatsen op of onder het aardoppervlak waar zich vulkanische stromen – vulkanen – bevinden, of waar grote branden plots ontstaan. Zij vormen de essentie van de hitte in de grote diepten van de aarde en zijn slechts daar gelukkig waar grote branden woeden.

Geen van mijn woorden kan het immense gevoel van leven overbrengen dat uitgaat van deze eigenaardige, ondergrondse werkplaats. De hele plek is zo verbazingwekkend en fantastisch om zien – dit is het leven van de diepten der aarde! En zo is toch ons hele universum, krioelend van allerlei soorten levensvormen, wonderbaarlijk en prachtig.

11

Luchtelfen

Binnen het type elfen dat we in de lucht kunnen waarnemen, dienen we twee grote klassen te onderscheiden. De eerste klasse omvat een grote maar gemengde groep elfen die we de naam “luchtelfen” mogen geven, omdat de lucht het enige element is waarin ze vertoeven. De andere klasse is eveneens groot maar minder eenvormig, want ze zijn niet uitsluitend aan de lucht gebonden als leefomgeving. De elfen behorend tot deze laatste groep zijn derhalve geen “luchtelfen” in de strikte zin van het woord, maar zijn veeleer hoogontwikkelde wezens met een intelligentie die de specifieke condities van hun aarde-, water- en zelfs vuurervaring heeft overstegen. Deze interessante entiteiten worden “sylfen” genoemd. Ik zal deze term gebruiken omdat hij gemakkelijk is en, voor één keer, niet misleidend. Later zal ik in detail terugkomen op de sylfen, maar op dit moment volstaat het te vermelden dat ze een geheel aparte klasse vormen van hoogintelligente wezens van gevarieerde oorsprong, met als hoofdkenmerk algemene verdienstelijkheid.

In de groep van de zuivere luchtelfen onderscheiden we drie algemene types. Van nature bestaan ze gedeeltelijk uit lucht en gedeeltelijk uit water. Het eerste type leeft en vertoeft in de wolkenmassa’s; ze variëren in grootte maar over het algemeen zijn het lange, losjes met elkaar verbonden, volumineuze wezens met een klein, min of meer menselijk uitziend gezicht en wolkachtig haar dat zachtjes achter hen aan fladdert. Hun hele lichaam heeft een wolkachtige textuur. In plaats van zich te vermommen, zoals de aardelfen doen, spelen en groeien deze elfen door de wolkenmassa's in allerlei vormen te kneden. Het geeft hen het gevoel een bijdrage te kunnen leveren door rond te zweven op hun wolken en door deze vorm te geven. Ze werken bijzonder graag op aanwijzing van iemand anders. Wanneer men zich inbeeldt dat een wolk een levend wezen is, dan wordt het een leuk spelletje, in het bijzonder voor kinderen, om deze wolk voor te stellen in een bepaalde vorm. Indien een kind zich sterk genoeg concentreert op de elf die achter de wolk schuilgaat, dan zal de elf in kwestie trachten te antwoorden door de wolk in de gewenste vorm te toveren. Het heeft geen zin om te proberen zijn wil aan hen op te leggen, ze zijn immers ongrijpbaar, maar ze reageren wel op een uitnodiging tot spel. Hoewel niet zo intelligent, vervullen ze een belangrijke rol in de natuur; ze oefenen een sturende kracht uit over kleinere wolkenformaties, en helpen zo grotere wolkenmassa's te concentreren ter voorbereiding van een stortbui. Wanneer de wolken verdwijnen, trekken ze zich terug in bergmeren, mist en zee. Net zoals alle luchtgeesten, zijn het vriendelijke wezens. Soms zag ik zeer fijne pastelkleurige schaduwen rond hen en wanneer ze langs elkaar heen glijden en spelen met elkaar, geeft dit een aardig schouwspel. Ze bouwen hun wolkenformaties op met eenzelfde ernst als die waarmee kinderen hun zandkastelen maken, en ze houden ervan om tijdens een zomers onweer op een stevige bries neer te duiken. Wolkelfen hebben een bijzondere voorliefde voor zonsop- en zonsondergang, omwille van de prachtige effecten die de zon in hun wereld voortbrengt als zij door hun wolken heen schijnt. Bij onze reactie op een mooie zonsondergang zullen ze vaak extra hun best doen om het schouwspel nog mooier te maken dan reeds het geval is. Zo herinner ik me in het bijzonder hoe ik als kind de zonsondergangen in het tropische gebied in het Oosten gadesloeg en hoe ik, geheel in de ban van het tafereel, in contact trachtte te komen met de wezens die eraan ten grondslag lagen. Nog steeds apprecieer ik de capriolen van wolkelfen, maar na vele jaren van observatie heb ik hun ingewikkelde relatie tot regen, sneeuw en gelijkaardige natuurverschijnselen nog steeds niet kunnen doorgronden.

De luchtelf die we kunnen associëren met stormen is wellicht de meest kenmerkende van het “zuivere” luchttype. Ze zijn klein, zo’n meter twintig tot anderhalve meter groot, welgevormd en mooi. Net als de menselijke vorm is ook hun vorm goed geproportioneerd met een ongewoon smal gelaat dat omgeven wordt door wapperend haar. De voornaamste kleur van hun verschijning kun je vergelijken met het zilverkleurige van berkenbast, met hier en daar zachte lichtblauwe en lichtpaarse toetsen. Omdat er meestal wel wat wind is, hangen er vaak stormelfen rond; hun relatie tot stormen is evenwel niet zo innig als die tussen wolkelfen en hun wolken. Ze dalen zelden neer tot op de aardbodem maar worden meestal in grote zwermen waargenomen, hoog in de lucht. Bij sterke wind komen ze echter tot op het aard- of oceaanoppervlak. Hun intelligentie is van een hogere orde en hun inborst is sterk vergelijkbaar met die van de sylfen. Zoals alle elfen worden ook de stormelfen geleid door een bijzondere groep engelen, die ditmaal geassocieerd worden met stormen. Wanneer een grote storm op het punt staat uit te breken, worden de stormelfen opgetrommeld. Zoals een regenbui de hoogdag vormt van een wolkelf, en zoals ook andere elfen hun bijzondere pleziertjes en belangrijke evenementen hebben, zo vormt de storm het plezierige hoogtepunt in het leven van dit type elfen. Meegevoerd door de wind scheren ze over de toppen van de bomen, over het aardoppervlak; dit terwijl ze in normale omstandigheden enkel rondom de bergtoppen van het hooggebergte vliegen. Zij hebben de leiding over de wolkelfen.

Op immens grote hoogten vinden we het laatste type zuivere luchtelfen waarover ik enigszins kennis bezit. Het zijn gigantische monsters die rondvliegen als draken. Het is moeilijk om een idee te geven van hun lengte maar ze zijn heel groot en hebben een geschubd uiterlijk. Ze doen erg denken aan de traditionele Chinese draak met hun grote hoofd, lange lijf en staart en grote ogen. Het zijn zeer kleurrijke wezens, gesierd door levendige, diepe kleuren. Hun precieze functie ken ik niet. Ze hebben duidelijk een lage intelligentie maar fungeren niettemin als een soort van centrum van energie of hebben krachten met bepaalde elektrische eigenschappen. Langzaam zweven ze door de lucht, ver boven iedere wolk verheven, en waarschijnlijk bewegen ze zich in realiteit snel voort. De stormengelen onttrekken voor hun eigen doeleinden energie aan deze luchtdraken. Het zal absurd klinken, maar in feite zijn het net enorme, voorhistorische koeien in het luchtruim, rondtrekkend en in zekere zin gehoed, met het oog op een bepaald doel dat verband houdt met de energie die ze in zich dragen. Ze dalen nooit af tot de lagere atmosfeer en zijn ver boven alle stormen verheven. Hun eigenaardigheid maakt hen interessant maar eigenlijk geraak ik niet zo goed wijs uit ze.

Sir Arthur Conan Doyle schreef ooit een verhaal getiteld "The Horror of the Heights" waarin op het bestaan van deze schepselen gewezen wordt. En als één van hen ver boven je hoofd voorbij zweeft, dan is het mogelijk om een vorm van contact met hen te leggen; doch afgezien van een algemene indruk, is het mij niet mogelijk rechtstreeks ook maar enige vorm van idee of gevoelsmatig antwoord van deze wezens op te vangen. Een engel vertelde me echter op een keer dat deze luchtdraken hoofdzakelijk gebruikt werden als energievoorraden waaruit de engelen en elfen putten tijdens hun werk, en op deze manier oefenen ze een zekere invloed uit op het weer.

De wolkelf lijkt gedeeltelijk tot de categorie van de waterelfen te behoren. De luchtdraken zijn uiteraard echte luchtgeesten en ook de stormelfen maken zonder twijfel deel uit van deze klasse. De sylfen echter zijn onbetwistbaar de meest typische schepsels in het luchtrijk. Zij vormen het hoogst geëvolueerde elfentype dat men maar kan vinden, en zijn erg aangenaam om naar te kijken en om mee om te gaan. Ze hebben perfect menselijke kenmerken en een perfect menselijke vorm, met mooie, kindachtige gezichten die hen veel lieftalliger maken dan de gemiddelde mens. Een opaliserende mist omgeeft hen, wat geweldig is om zien. Ze lijken op menselijke wezens, omhuld in deze schitterende materie die doet denken aan de meest delicate kleurschakeringen van in zonlicht glanzende opalen. Hun lichamen bestaan enerzijds uit een veel fijnere materie dan dat van de gemiddelde elf, zodat het voor de doorsnee mens moeilijker wordt om hen waar te nemen. Anderzijds is hun intelligentie ver verheven boven die van de andere elfensoorten en het is derhalve veel eenvoudiger om met hen te communiceren, daar ze onze gedachten kunnen lezen. Er is dus geen grote inspanning vereist om elkaar te kunnen verstaan. In feite zijn velen onder hen sneller van begrip dan de gemiddelde mens. Een ander kenmerk bestaat in hun vrijheid van plaats of werkzaamheid, ze kunnen zich verplaatsen naar waar ze maar willen en verschillende soorten taken verrichten.

De sylfe streeft naar het bereiken van de engelstatus. Deze hebben ze eigenlijk ook al bijna bereikt en met een kleine extra inspanning onderscheiden ze zich verder en bekleden ze de rang van engel bij hun volgende verpersoonlijking. Ze trachten hun doel te verwezenlijken door vooral dicht in de buurt van engelen te vertoeven en door zoveel mogelijk bijstand te verlenen aan de engelen in hun omgeving en aan de mensheid. Slechts door dienstbaarheid en een goed begrip van het werk van de engelen kunnen ze dit hogere niveau bereiken. Meestal gebeurt het dat ze assistent worden van een bepaalde engel om hem van bijzonder nut te zijn; ze voeren specifieke taken uit die de engel hen toebedeelt en doen tevens dienst als boodschappers of persoonlijke medewerkers. Op deze wijze hebben vele engelen meerdere sylfen onder hun hoede. De elf doet zo immers ervaring op en ook zijn besef van wat genegenheid is, neemt toe; vooral dat laatste is belangrijk. De engel tracht alle latent aanwezige liefde bij zijn sylfe-metgezellen wakker te maken. De relatie wordt vooral gekenmerkt door een subtiele tederheid, en de elf voelt zich immens gelukkig als dienaar van de engel en is vaak trots op zijn dienstbare functie. Je zou zelfs kunnen stellen dat hij, in de zuiverste en striktste betekenis van het woord, “verliefd” is op zijn hemelse overste en hun relatie is van zo’n verfijndheid dat zij eigenlijk onbeschrijflijk is voor menselijke wezens, bij wie een dergelijke emotie steeds een ondertoon van fysieke aantrekkingskracht behoudt. Voor het overige is de elf permanent verliefd, hetgeen een ander groot verschil uitmaakt in vergelijking met mensen.

Sommige sylfen krijgen veel te maken met menselijke wezens. Een frequent terugkerend deel van hun taak is het bijstaan van mensen die lijden, of hen zelfs redden van een gewisse dood. Zo treden ze vaak op als engelbewaarders en vertellen ze mensen wat hun te wachten staat. Je vindt ze vaak in ziekenhuizen, meer bepaald in het bijzijn van stervenden. Eén van hun favoriete bezigheden is het begeleiden van kinderen die net zijn overgegaan en zich vreemd en verlaten voelen. Ze spelen met hen, vertellen hen de wonderbaarlijkste sprookjes, tonen hen prachtige spelletjes en nemen hen mee naar lieftallige plaatsen. Dit werk met kinderen schept hen het grootste genoegen daar ze, net als de hele elfenwereld, een bijzondere voorliefde hebben voor jonge wezens. Kinderen kijken meestal met grootse verwachting uit naar de terugkeer van hun elfachtige bezoekers.

In middeleeuwse geschriften leest men over sylfen die ten dienste staan van magiërs en, hoe bijgelovig dit ook mag klinken, dit is inderdaad waar. Ze dienen vaak mensen in plaats van engelen en doen dan binnen dit dienstverband hun ervaring op in plaats van binnen de gebruikelijke relatie met een engel. Ariel in Shakespeare's *De Storm* is veel meer dan louter een dichterlijke vondst. Van alle literatuur die ik ken is Ariel de beste beschrijving van een sylfe die beschikbaar is. De typering van Ariel, verbonden met zijn meester door deels respect en deels liefde, zijn ondeugende aard, zijn door Prospero's kracht ondersteunde, snelle en gerichte handelingen, zijn verdraagzame houding ten aanzien van alle wezens, zijn macht over de logge Caliban, de wijze waarop hij de elementen beheerst, – kortom, al deze factoren tonen aan dat de kennis van de dichter even overtuigend is op dit gebied als in enig ander domein waarin zijn geleerdheid als een vaststaand feit aanvaard is.

De sylfen maken het luchtrijk bijzonder aantrekkelijk. Hun gevoel voor sierlijke dienstbaarheid en trouwe toewijding is zeer edel, hun waarnemingsvermogen scherp; ze zijn vrolijk en opgewekt en hun uitgesproken schalksheid maakt van hen een uniek wezen. Water bezit zijn eigen deugd, vuur heeft een bijzondere pracht in zich maar alleen de lucht brengt deze hemelse wezens voort, waarin een schrander en liefdevol begrip voor de mensheid gecombineerd wordt met engelenkracht.

Het luchtrijk wordt verder gekenmerkt door het ontbreken van enige vorm van fysiek leven waarop het zich zou kunnen baseren. Immers de land- en waterelfen krijgen te maken met een rijk fysiek leven: voor elfen zijn zelfs de rotsen levende wezens, en de zeeën zijn druk bevolkt. De lucht is echter een terrein van grote vrijheid. Vandaar ook dat lucht minder geconcentreerd, minder ordelijk en georganiseerd aanvoelt. Omvangrijke gebieden van het luchtruim zijn nauwelijks bevolkt. Dichter bij de aarde verblijven de sylfen en zwerven ze rond al naar behoefte. Hogerop verschijnen soms de schaarse wolkenbewoners evenals de stormelfen. Tenslotte, op grote hoogte, doolt de toevallige luchtdraak rond boven onze hoofden – zo kunnen we het element typeren dat steeds – en terecht – synoniem is geweest voor alles wat vrij is.

12

De orkaan

Toen ik in Miami, Florida was, ergens in de jaren twintig van de vorige eeuw, hadden twee orkanen nog maar net door de staat geraasd. Ik vroeg op dat moment aan de zee-engel daar om me de gebeurtenis te beschrijven. Hij ging in op mijn vraag door me een groot aantal mentale beelden door te sturen samen met de overeenkomstige gevoelsstemmingen. Er is echter slechts één verschil in het communiceren met een engel: dat wat hij beschouwt als zijnde één gedachte, staat bij menselijke wezens gelijk aan twintig gedachten en het vergt dus iets meer tijd om zijn uitleg te verteren. Dat wordt snel verwarrend omdat je steeds achterloopt bij het willen vatten van zijn ideeën. Het verhaal begon in de Golf van Biskaje (het land van oorsprong van de engel) prachtig gelegen onder een stralende hemel, gehuld in een paradijselijke vrede. De engel en zijn elfjes waren sereen en monter bezig met hun gewone, dagelijkse werkzaamheden. Dit beschrijft een dag of twee voor de orkaan toesloeg.

Ik dien nog uit te leggen dat er een bepaalde hiërarchie bestaat binnen de gemeenschap van engelen of deva's in het algemeen, en, in dit geval, binnen die van de zee-engelen in het bijzonder. De onmiddellijke buren van onze engel beschouwt hij als zijn gelijken en collega's. Aan het hoofd van al deze engelen, en dus ook aan het hoofd van een groot gebied van de oceaan, staat een nog groter wezen. Zoals ik reeds eerder heb beschreven, bevindt zich in elk door engelen bestuurd gebied – zoals bijvoorbeeld de Golf van Biskaje – een draaikolk waarin de kern van het bewustzijn van de engel gelegen is. Deze kern is gelegen op een specifieke plaats en kan beschouwd worden als het centrum van zijn gebied. In de lucht vinden we gelijkaardige draaikolken, echter niet zo talrijk als in de zee, die een gelijkaardige functie hebben voor de luchtengelen. De ontlading van energie en de polariteit tussen een luchtdraaikolk en een zee-draaikolk is verantwoordelijk voor het ontstaan van verschillende soorten stormen. Op deze manier vindt er een voortdurende uitwisseling plaats van energieën tussen zee-engelen en luchtengelen. Het hele energetische evenwicht in de natuur wordt bepaald door de overeenstemming tussen beide populaties. Hun lichamen bevatten en geven de stroom van de energie en zijn ontlading aan. Een bepaald – eerder beperkt – aantal hoogstaande engelen regelen zo in de hele wereld het verloop van de natuur door het evenwicht tussen de natuurkrachten te bewaren. Onze vriend, de engel van de Golf van Biskaje, is een entiteit binnen dit omvangrijk netwerk van enerzijds hoogstaande en anderzijds ondergeschikte wezens. De hoogst geplaatste engelen bezitten de macht om ver van tevoren de toekomst te plannen en kennen elke gebeurtenis, die we meestal aan God toeschrijven, tot in het kleinste detail omdat ze deze van binnen uit bepalen.

Soms kan bijvoorbeeld teveel energie geconcentreerd zijn in een tropische zone, waardoor het noodzakelijk wordt deze te ontladen. Het resultaat hiervan is een orkaan of een andere uitbarsting van natuurenergie. Deze ontlading gebeurt evenwel niet ondoordacht of lukraak, maar in overeenstemming met een fantastisch plan dat ik nu zal beschrijven aan de hand van het specifieke voorbeeld van de orkaan die toesloeg in Miami. Ik dien te benadrukken dat dit gebeuren beschreven wordt vanuit het standpunt van de zee-engel. De nu volgende beschrijving van de voorbereiding en de uitvoering van het evenement geef ik op basis van mijn begrip van zijn verhaal.

De hogere engelen, bewaarders van het evenwicht der natuurenergieën, besloten dat er een ontlading moest plaatsvinden in de regio die door de orkaan werd aangedaan. Ze gaven een beginpunt aan en een indicatie van het territorium, en duidden vervolgens een engel aan die de detailvoorbereiding van de storm en de opvolging tot het einde toe op zich diende te nemen. Het beginpunt werd bepaald door een onevenwicht ergens dat op een bepaald moment onmiddellijke aandacht vergde. De orkaanengel die voor de taak werd uitverkoren was zo'n zes meter hoog en leek omgeven door bliksemschichten, gekleed in een soort van gewaad met elektrische uitstraling. Men kan zich hem het beste voorstellen als Zeus uit de Griekse mythologie. Hij heeft een machtige gelaatsuitdrukking met schitterende, grijze ogen en blond haar, magnifiek om zien. De aanwezigheid van zoveel macht, vervult je met ontzag. Deze stormengelen zijn zeldzaam, vermits ze niet aan een specifieke regio gebonden zijn maar de hele aardbol rondreizen in functie van de stormen. Het zijn ver geëvolueerde wezens met een volmaakte stabiliteit en een klare visie die gekenmerkt wordt door een mathematische precisie. De engel van de Golf van Biskaje is zelf vol ontzag voor deze orkaanengel en maakte mij dit erg duidelijk. De orkaanengel begon met de selectie van een aantal engelen om hem in zijn taak bij te staan; deze laatsten hebben een enigszins aan hem gelijkaardige verschijningsvorm, maar zijn kleiner en minder ver geëvolueerd. Bovendien voegden een paar andere engelen zich bij hem als evenwaardige assistenten. Ik kan hen slechts "de engelen van leven en dood" noemen; ze begeleiden de orkaanengel om toe te zien op het menselijke aspect, namelijk op de gevolgen van de orkaan op de mensheid.

Zoals eerder aangehaald, was de engel van de Golf reeds officieus geïnformeerd over de komst van de orkaan, en zijn beeld van de discussie tussen de hem omringende engelen was erg grappig. Hij schetste me de engelen kletsend over de op handen zijnde storm, zich afvragend hoe deze ieder van hen afzonderlijk zou beïnvloeden. De golfengel heeft een diep artistiek gevoel en een zekere Iers aandoende uitgelatenheid, en de portretten die hij maakte van het gekeuvel waren kostelijk levensecht en schilderachtig.

De officiële tijding was echter uiterst treffend. Eerst waarschuwde de orkaanengel de zee- en luchtengelen die zich in het oorsprongsgebied van de storm bevonden. Hij gaf hen de opdracht zich voor te bereiden op de orkaan door hun krachten te verzamelen teneinde klaar te zijn om ze te ontladen op het aangegeven moment. Hij deelde hen het vastgestelde tijdstip mee dat hij enige uren van tevoren had bepaald; na deze mededeling omtrent het startpunt, zond hij een berichtengolf aan alle engelen die zich op het door hem en zijn collega's vastgestelde pad van de orkaan bevonden. Deze berichtengolf begon bij de engelen van het startpunt die het nieuws verder vertelden aan hun buren, en zo helemaal verder totdat ook onze engel van de Golf zijn instructies vernam van het "hoofdkwartier". Hij begon onmiddellijk met de voorbereidingen onder het algemene toezicht van zijn territoriale oversten, want de officiële kennisgeving kwam hem slechts enige uren voor het eigenlijke gebeuren toe. Hij riep een grote bijeenkomst van al zijn elfjes samen en legde hen uit, in zoverre zij dit konden begrijpen, wat er te gebeuren stond. Vervolgens begon hij de energie in zijn draaikolk aan te trekken en op te laden. In het groter geheel van het plan had hij een belangrijke positie, vermits zijn gebied zich op de grens tussen land en zee bevond. Zijn buurengelen uit de zee hielpen zelfs energie naar hem toestromen. Toen het uur van de orkaan naderde, dreef hij de voorbereiding verder op door het doen toenemen van het energieniveau met een steeds hogere intensiteit. Laten we zijn bespreking even rusten, om terug te keren naar het oorsprongsgebied van de storm.

Op het aangegeven uur verschijnt de orkaanengel met zijn kompanen. Hij zendt vervolgens een kreet uit die schalt als een oude trompet die oproept tot de strijd. Naar aanleiding van dit geluid gaat er een soort schok doorheen de uitgezochte lijn van engelen, vanaf het startpunt van de storm helemaal tot aan het eindpunt. Het bewustzijn van alle engelen binnen die lijn wordt als het ware geabsorbeerd en versmolten met het bewustzijn van de orkaanengel. In de luchthiërarchie bestaan er speciale stormelfjes die, als neveneffect van het trompetgeschal, van overal aanvliegen. Met deze kreet levert de engel zijn persoonlijke bijdrage aan de orkaan door zijn energie in de vooropgestelde baan te ontladen. Zijn ontlading wordt onmiddellijk vergezeld door de ontlading van de overtollige energie van de lucht- en waterengelen die zich bevinden aan het startpunt van de storm. En dan zet de storm zijn razende vlucht over het aangeduide pad in, als een grote vuurbal gevuld met een zwerm engelen en elfjes die allen verenigd zijn rond de orkaanengel. Wanneer hij een draaikolk nadert, zowel in de lucht als in de zee, komen de lokale voorbereidingen tot een hoogtepunt. Met de eigenlijke komst van de orkaanengel worden de energiereserves van de lokale draaikolk in het centrum van de orkaan ontladen, waardoor de storm sterker en krachtiger verder raast in de richting van de volgende draaikolk.

Ook de elfjes die werken onder de golfengel dragen hun steentje bij. Het hele gebeuren is voor hen pure pret; wanneer de storm aankomt in hun eigen draaikolk worden ze met vaart de lucht ingeschoten en proberen ze vrolijk aan de storm te blijven hangen en mee te reizen, om tegelijk hun eigen energiebijdragen te leveren waarna ze terug in zee tuimelen. Sommigen slagen erin om iets verder mee te reizen dan anderen, en vinden slechts na een tijdje hun weg terug naar hun eigenlijke verblijfplaats. Uiteraard staat er extra werk op hun programma eens de storm voorbij is, maar ze genieten enorm van de prikkeling en opschudding die de storm veroorzaakt.

Toen de storm onze golfengel trof, was hij er helemaal klaar voor. Naast het concentreren van zijn krachten, zoals reeds eerder beschreven, was hij intensiever dan gebruikelijk bezig met het aansturen van het werk, vermits in zijn gebied de orkaan zijn energie moest ontladen op het land. Bij aankomst van de orkaanengel was de vrijlating van de tijdens deze zeebijeenkomst verzamelde krachten bij momenten overweldigend, en bracht bij het aan land stoten zo'n schok teweeg, dat de hele organisatie van onze golfengel eventjes ontwricht was. De elfjes hadden dit verwacht en ze stonden op de tippen van hun tenen, erop gebrand om door de storm te worden aangeraakt. Toen het eigenlijke moment daar was, was de impact zo geweldig dat ze voor een ogenblik teruggeslagen werden, van het traject van de orkaan weg. Ze herstelden zich echter snel en vervoegden de storm om hun energie in te brengen en mee op te gaan in de opschudding die hij op land veroorzaakte.

De engel van de kust van Miami wist uiteraard ook wat er op til was, maar hem was een eerder passieve rol toebedeeld vermits hij niets kon doen om de gebeurtenis te verhinderen en begreep dat deze hem nu eenmaal boven het hoofd hing. Hij vond dit niet bepaald plezierig, landengelen verafschuwen de vernietiging van planten en bomen immers; bovendien waren ook menselijke wezens in deze storm betrokken. We mogen niet vergeten dat een storm over zee kan razen zonder deze al te zeer te beschadigen; op land richt hij echter veel schade aan en is er veel tijd en zorg nodig, voor de planten en de levensvormen in het algemeen, om hun groeiproces te hernemen. Toen de orkaan dus aan land kwam, besteedde de orkaanengel bijzondere aandacht aan het leiden van zijn taak, omdat zoveel meer complexe levensvormen erbij betrokken waren. De engelen van leven en dood die hem begeleidden stelden vast wat er moest gebeuren en voerden hun gedeelte van de taak uit op het ogenblik dat de storm zijn tol eiste aan mensenlevens. Het lijkt ongelofelijk, tenzij men het van binnen uit heeft kunnen gadeslaan, maar dit gehele tumult wordt geregeerd door orde. De orkaanengel is niet enkel een ontzaglijk intelligent wezen. Deze hemelse gastheer blinkt evenzeer uit door goede samenwerking, organisatie en orde. Vanzelfsprekend trachtte de landengel zoveel mogelijk te redden binnen zijn actieterrein, in het bijzonder bomen en dieren. Zijn elfjes stonden hem hierin bij door zich vlug aan een verdwaald dier of een toevallig voorbijvliegende vogel vast te klampen en het instinct van het dier plots te versterken, zodat het zichzelf in veiligheid bracht met een voor zijn wezen ongebruikelijk intelligent gedrag. Het enige dat de elfjes kunnen doen voor de bomen is ze aanmoedigen om de beproeving te doorstaan. Gedurende het hele verloop van de storm zond de landengel van Miami sterke gevoelens van ondersteuning uit naar zowel elfen als mensen. Hij is overigens een grote, rustige persoonlijkheid en hij heeft een gevoel voor de geneugten van het leven, aangemoedigd door het mooie van het hem toegewezen land en het klimaat daar. Hij draagt Miami een goed hart toe; hij schat de ontwikkeling van dit gebied naar waarde daar deze onrechtstreeks meer boerderijen en boomgaarden, en dus nieuw leven, experimenten en mogelijkheden voor hem en zijn elfjes met zich meebrengt. Hij houdt niet van het koortsachtige van een explosieve of ongecontroleerde landontwikkeling en verafschuwt zelfs de lichtzinnige vernietiging van land, net als bijvoorbeeld de zinloze verwoesting van de wouden in het Noordwesten. Engelen hebben niets tegen het verstandig uitdunnen van bossen omdat dergelijke opbouwende ondernemingen bijdragen tot het leven in het algemeen, hoezeer iedere boom op zich zijn teloorgang ook mag voelen. Voor de Miami engel hield deze orkaan het midden tussen de massale en onzinnige vernieling door mensen en een natuurlijke, regulerende verandering. Hij aanvaardde deze gebeurtenis uiteraard vermits ze door zijn oversten was bepaald.

Door de extreme lading van hun krachten, spoelden de zee-elfen aan land; op fysiek vlak vertaalde deze schok zich in de verplaatsing van hele strandgedeelten en brokstukken van één plaats naar de andere. Op die manier hadden de zee-elfen heel wat werk te verrichten, hetgeen ze overigens wel leuk vonden vermits het wat afwisseling voor hen meebracht. In bepaalde gebieden hadden ze meer oppervlakte onder hun toezicht en op andere plaatsen minder.

Terwijl de orkaan voortraasde werden de zee-elfen soms tot ettelijke kilometers landinwaarts geslingerd, een voor hen eerder ongebruikelijke en onbekende situatie. Een paar uren nadat de orkaan Miami verlaten had voor zijn verdere doortocht landinwaarts, keerden ze verspreid terug naar de nu bedaarde zee. Gedurende een paar dagen waren de zee-elfen bezig met het herstellen van hun communicatielijnen en recuperatie in het algemeen, maar velen kwamen eveneens aan land om er de landengel te helpen met de vernieuwing van de groeiprocessen. De Miami engel was tamelijk uitgeput en daarom hielpen de zee-elfen hem graag zoveel mogelijk een normale gang van zaken herstellen, zelfs al blijven ze opgewonden zolang de storm duurt.

De orkaan legde de hele vooraf geplande weg af en stierf uiteindelijk uit. Tijdens dit uitsterven verlieten de stormengel en zijn elfjes de orkaan om slechts weer te keren wanneer hun werkzaamheid opnieuw ergens vereist zou zijn. Over het hele traject van de storm keert alles langzaam terug naar de normale orde, hoewel de schade op het land vele jaren vergt om terug hersteld te worden.

Mensen zullen onvermijdelijk van oordeel zijn dat de waterelfen, zee-engelen, en in het bijzonder de orkaanengel zelf, kwaadwillige of slechte wezens zijn daar ze, vanuit ons standpunt bekeken, zovele levens hebben verwoest. Dit is echter niet zo. Zij hebben slechts de vormen vernietigd maar niet het leven zelf dat in de vormen huist, want alle leven is immers onvernietigbaar. Bovendien hebben deze wezens slechts gehandeld in overeenstemming met de natuurlijke wet. Mensen vernietigen eigendom, elkaar, en het totale aanzicht van de natuur ten tijde van oorlog of om persoonlijk voordeel te behalen, en proberen hun motieven te vergoelijken door ze als een rechtmatige en natuurlijke reactie te verklaren. De natuur kent echter geen persoonlijke gevoelens. Alle destructie die zij toebrengt, wordt op onpersoonlijke basis voltrokken en zelfs, hoe gek dit ook mag klinken, met een gevoel van liefde. Engelen en elfen willen nooit een wezen doden en zullen eerder trachten om zo veel mogelijk te redden. Hoe verschillend is dit niet van oorlog, waarin we alles willen vernielen! Engelen dienen de natuurwetten te gehoorzamen, of ze nu willen of niet. Dat is het doel van hun leven en vormt de kern van hun wezen. Bovendien beschouwen ze de dood niet als iets onbekends, verschrikkelijks en definitiefs zoals wij mensen. Voor hen is de dood slechts de afbraak van vorm; het leven zelf is nooit verspild maar keert terug naar zijn oorsprong, de grote levensbron. Het keert terug, maar dan onder een andere vorm, om opnieuw ervaring op te doen in deze wereld. En ervaring... daar draait het allemaal om.

Epiloog

Wanneer ik na al die jaren dit manuscript terug ter hand neem, jaren waarin ik met andere zaken bezig ben geweest en waarin andere interessepunten meer op de voorgrond kwamen, dan brengt dit bij mij vele indrukken terug tot leven die aan de basis lagen van wat ik zovele jaren geleden heb neergeschreven.

Zelfs al is het accent in mijn studies doorheen de jaren verschoven, toch heb ik een rechtstreekse, open band behouden met de wezens die ik in dit boek heb beschreven. Tijdens al mijn verre reizen, waar ik ook ga, is mijn eerste bekommernis automatisch het totstandbrengen van communicatie met engelen en elfen. Dit geeft mij op elke plaats het gevoel één te zijn met de aanwezige intelligenties van overal.

Toen ik besloten had om dit oude manuscript te herzien om het persklaar te maken, opperden vrienden dat de elfenwereld ondertussen enorm veranderd moest zijn, net zoals dit het geval was voor onze eigen fysieke wereld. Dit was zeker en vast een interessante opmerking, maar ik nam ze pas *au sérieux* toen zij mij suggereerden terug te gaan naar bepaalde plaatsen die ik beschreven had, om na te gaan welke invloed de vervuiling had gehad op het elfenleven.

Uiteraard kon ik onmogelijk naar Australië, Java of India terugreizen om de proef op de som te nemen, maar ik kon wel terug een bezoekje brengen aan de zee-engte aan de Oostkust van de Verenigde Staten. En dat is wat ik deed. Ik veronderstelde dat de huidige vervuiling – het dumpen van olie en vuilnis in de oceaan, de uitstoot van koolstofmonoxide door auto's en onze onophoudelijke behoefte aan nieuwe gebouwen en uitbreidingsmogelijkheden – niet zonder gevolg was gebleven voor de elfen.

Het was jaren geleden dat ik nog naar een welbepaald strand was geweest dat ik voor een bezoek had uitgekozen. Het was een prachtige, koude winterdag. De zee-engte lag naast een bewoond gebied, maar liep door tot in de open zee. Vanaf het strand kon je zowel de zee-engte als de zee terzelfder tijd waarnemen. Ongeveer vijftien jaren waren verstreken sinds de tijd dat ik geregeld dit strand bezocht, maar het gaf me nog altijd een vertrouwde indruk. Tijdens de zomermaanden werd het strand druk bezocht door zonnekloppers, maar in de winter waren er slechts weinig mensen die de wind trotseerden.

Het eerste wat me opviel toen ik naar de golven keek die op het strand aanspoelden, was dat er minder waterbaby's en minder elfen waren. Bovendien bleek dat ze niet langer de golven volgden tot op het strand, maar op afstand heen en weer bleven drijven in de branding. Ze maakten plezier en dartelden in het rond, maar ik moet spijtig genoeg meedelen dat hun aantal aanzienlijk was verminderd.

Het ganse energienetwerk zag er niet zo schitterend of krachtig uit als voorheen. Ik bedoel hiermee het energienetwerk op de bodem van de zee, dat ik vroeger heb beschreven. Nu zag het er vreemd uit. Het leek te zijn uiteengerafeld in een aantal stukken en dit veroorzaakte een bepaalde soort van disharmonie in de alomtegenwoordige energiestroom.

Een ander merkbaar verschil was dat de vroeger zo actieve symbiose tussen zee en lucht niet meer volledig leek te werken. Op plaatsen waar sommige patronen van de lucht en de zee beschadigd waren, bleken de energiestromen niet harmonieus te werken. Ik ben ervan overtuigd dat de waterbaby's deze vervuiling niet begrepen en ook nooit kunnen begrijpen. De vervuiling in de zee-engte (die er tot op zekere hoogte altijd is geweest) had nu meer uitbreiding genomen en strekte zich dieper uit in de zee, terwijl dit voordien eerder tot de oppervlakte beperkt bleef. De recente olielaag afkomstig uit het wrak van een olietanker had de lokale wezens met verbijstering geslagen. Ze wisten dat er meer afval, meer vervuiling was in het fysieke aspect van de zee, en zij zagen terecht in dat het iets te maken had met de mensen. Doch zij kenden het fijne van de zaak niet en begrepen niet waarom er minder vis was. Ze werkten nog steeds, maar de resultaten waren minder aangenaam of minder effectief. Aangezien ze wisten dat de mensen hier voor iets tussen zaten, waren zij minder in ons geïnteresseerd. Er was een zekere neiging tot angst en verwijdering. Zoveel vissen en andere vormen van leven in de oceaan waren zee-inwaarts getrokken, weg van het strand. Ik bracht weliswaar mijn bezoek tijdens de extreme koude van een strenge winter, en weersomstandigheden lijken ook een rol te spelen. Maar dit neemt niet weg dat elfen voelen dat mensen verantwoordelijk zijn voor de achteruitgang van het leven in de zee, wat maakt dat zelfs de zee-elfen niet meer zo vriendelijk zijn naar mensen toe.

Zelfs verder weg, in de diepe zee, was er nu minder leven dan vroeger. Het energiepatroon was duidelijk verbroken tot zover als ik dit van de kust kon waarnemen. Deze schade was te wijten aan een fysieke oorzaak en elfen konden dit slechts gedeeltelijk herstellen. Aangezien de symbiose tussen de zee en de lucht verstoord is over het ganse aardoppervlak, is het mogelijk dat er nog meer verstrekkende gevolgen zijn op lange termijn, dan wat ik op deze specifieke plaats kon vaststellen.

De luchtelfen kunnen relatief gemakkelijk ontsnappen aan de effecten van vervuiling door hoger in de lucht te gaan. Maar ook zij waren niet gelukkig. Er hing als het ware een sluier over het energiepatroon, die zelfs in de bovenste luchtlaag terug te vinden was. Ook de luchtelfen trokken zich terug voor de mensen en leken de vervuiling niet efficiënt te kunnen bestrijden, en vonden het net als de zee-elfen niet langer prettig mensen rondom zich te hebben. Ze zetten hun activiteiten verder, wat normaal is, maar er is een verschil. Zij voelen dat ze dit niet meer in de hand hebben, dat zij wat wij doen niet meer kunnen bijhouden; zij voelen dat dit iets is waar zij zich eenvoudigweg niet aan kunnen aanpassen en geraken ontmoedigd. Op het eerste zicht waren dit reacties op de luchtvervuiling eerder dan op de watervervuiling, aangezien de diepe waters van de zee nog altijd het minst aangetast zijn. De diepe oceaan hernieuwt zich. Ik wil de lezer niet misleiden: de elfen zijn nog steeds mooi en zijn nog steeds zichzelf gebleven en de zee heeft nog steeds haar prachtige, reinigende eigenschap behouden.

De engelen, die zoveel hoger staan, kunnen ietwat afstand nemen van de vervuiling, maar zijn sterk aangedaan door de gevolgen ervan. De engelen reageren meer gelaten op de vervuiling dan de elfen. Zij voelen dat de mensen op lange termijn iets zullen ondernemen om deze toestand te verhelpen, maar dat er eerst een gevaarlijke periode te wachten staat, een periode met veel stress die al aangekondigd wordt door een enorme spanning in de innerlijke werelden. En natuurlijk hebben alle deva's een ruimer overzicht in de tijd dan elfen, die eerder van dag tot dag ijveren voor harmonie.

Deze periode van stress en gebrek aan samenhangende energiepatronen is reeds zichtbaar via de breuken, dichtbij de kust, in het symbiotisch netwerk dat ik eerder heb vernoemd. De vervuiling in de zee-engte vormt soms een behoorlijk dikke laag. Tijdens deze tijden van verhoogde waakzaamheid naar vervuiling toe, blijkt dat er een soort snoer (bij gebrek aan een beter woord) van dichte energie is, die de wederkerige relatie tussen aarde, lucht en water verstoort. De elfen en waterbaby's proberen iets te doen om dit effect te neutraliseren, maar ze voelen zich eerder verslagen en weten blijkbaar niet wat ze kunnen doen. De deva's, die de dingen op afstand vanuit een breder perspectief bekijken, voelen dat het wel in orde komt en wachten blijkbaar tot de mensen hun eigen schade herstellen.

In deze tijden van gevaar voor vervuiling, zoeken de luchtelfen hun toevlucht in een hoger niveau waar ze vrijer zijn. De arme waterelfen langs het strand zouden zich verder kunnen terugtrekken tot in de open zee, maar voelen zich daar niet zo gelukkig. Ze houden er niet van als het water te diep is. Deze strandelfen hebben een sterkere band met het land, de dieren, de planten en zelfs de mensen met hun kinderen en huisdieren.

Zodoende blijven de elfen in het algemeen nog steeds hun taak uitvoeren, maar globaal genomen voelen ze zich minder aangetrokken tot de mensen, behalve wanneer zowel mensen als elfen rustig genieten van de schoonheid van de natuur. Het zou niet correct zijn de lezer te laten geloven dat ze hun eigenschap om één en al vreugde te zijn verloren hebben; dit maakt immers deel uit van hun wezen. Zij ervaren een verlies op het vlak van leven en levensvormen, maar zijn blij met de vele soorten bomen en planten die er nog steeds zijn. En zij gaan nog steeds met enthousiasme aan de slag, zij het nu met een grotere gereserveerdheid naar de mensheid toe.

Niettegenstaande er niet zoveel elfen meer zijn, hebben ze nog steeds dezelfde bestaansreden en dezelfde taken als ze altijd al hebben gehad. Alhoewel de steden hun aantal hebben doen afnemen, zijn in vele kleine stadstuinen elfen aanwezig die een handje toesteken bij de groei.

De vervuiling in de steden houdt niet alleen luchtvervuiling in, die zelfs voor ons zo duidelijk merkbaar is. Een meer verraderlijke soort van vervuiling is de verspreiding van gebouwen, fabrieken, scholen, huizen en appartementen die het land hebben ingenomen waar vroeger elfen leefden. Net zoals de vogels en de in het wild levende dieren, werden de elfen er verdreven. Zelfs al zijn zij nog aanwezig in parken en in bosrijke beschermde gebieden, ze zijn niet meer zo talrijk. Zij voelen dat wij steeds verder hun territorium zijn binnengedrongen, en steeds minder voor hen hebben overgelaten. Er worden veel chemische insecticiden en meststoffen gebruikt, die allebei zeer nadelig zijn voor het werk van de elfen. Men kan beter gebruik maken van natuurlijke middelen, waarmee zij ook kunnen werken, om schadelijke insecten te verdrijven; het instandhouden van een natuurlijk evenwicht tussen levensvormen (vogels, insecten en hagedissen) is een veel betere manier om het leven in de tuin te regelen. Chemische meststoffen, in het bijzonder die van synthetische oorsprong, zijn nog niet klaar om verwerkt te worden door de elfen, terwijl zij veel meer verstand hebben van natuurlijke substanties, in het bijzonder van zaken zoals rottend, composteerbaar materiaal dat deel uitmaakt van de natuurlijke levenscyclus.

In de rivieren en meren is er zoveel chemische en synthetische vervuiling aanwezig dat dit de vele bos- en tuinelfen van streek maakt. Het is niet ongewoon dat een ganse waterpartij bevuild wordt door deze stoffen. Deze zinken vervolgens naar de bodem waar ze opnieuw op verraderlijke wijze de natuurlijke cycli en harmonie verstoren. Elfen zijn erg gevoelig voor zo'n dingen die we zo nonchalant en verkeerdelijk aanrichten.

Maar zelfs als de gehele natuur veranderingen ondergaat, weten de engelen en elfen dat er een onderliggende eenheid bestaat in het universum. Zij maken deel uit van een organisch geheel, en dit accepteren zij. Wij worden ons ook bewust van deze holistische benadering van het leven, naarmate we meer inzicht krijgen en een bewustere samenwerking tot stand brengen via toenemende meditatie en interesse voor de natuur. Er ontstaat dan een band tussen deze andere, dynamische wereld van de elfen en die van ons. Dit wordt een model voor de toekomst.

Overzicht van het elfenvolk

AARDE-ELFEN zijn te herleiden tot vier belangrijke soorten. Twee van hen leven boven de grond en twee leven onder de grond. Boven de grond variëren deze elfen van de fysiek belichaamde boomgeesten tot de kleine gewone tuinelfen of boselfen. Rotselfen of gnomen zijn één van de ondergrondse soorten. Meer specifieke informatie vindt u in hoofdstuk 5.

BOOMGEESTEN, die worden behandeld in hoofdstuk 7, zijn groter dan boselfen en hebben een meer fysiek lichaam.

ELEMENTALEN zijn, zoals hun naam aangeeft, geesten van de elementen. Deze wezens zijn, volgens de kabbalisten, afkomstig van de vier koninkrijken van de elementen – lucht, aarde, vuur en water. Ze worden gnomen genoemd (land), sylfen (lucht), salamanders (vuur) en undinen (water). H.P. Blavatsky legt uit in haar *Theosophical Glossary* dat alle lagere onzichtbare wezens die ontstaan zijn in de vijfde, zesde en zevende graden van onze aardse atmosfeer "elementalen" worden genoemd en volgende soorten omvatten: feeën, geesten, aardmannetjes, elfen, kabouters, tovernimfen, watergeesten, dwergen, trollen, kobolden, bietebauwen, klaaggeesten, faunen, duiveltjes, djinns, saters, en anderen die tot deze classificatie behoren.

ELFEN bestaan uit vier grote groepen – lucht, aarde, vuur en water. Ze variëren in grootte van kleine vlinderachtigen, over soorten van dertig tot zestig centimeter groot, tot grote soorten als sylfen en boomgeesten.

ENGELEN of DEVA'S zijn stralende wezens die heel erg intelligent zijn en die de natuur leiden door hun kennis van het Goddelijk Plan. Zij geven sturing aan de energieën van de natuur en houden toezicht over de elfen die aan hun zorg zijn toevertrouwd, zoals de boomgeesten en de elfen die verantwoordelijk zijn voor de wind en de wolken.

GNOMEN zijn een ander soort aarde-elfen die in de rotsen leven.

LUCHTELFEN bestaan uit drie algemene soorten. Eerst zijn er de sylfe-achtige wezens die in de wolken leven en werken. Deze zijn de beeldhouwers van de elfenwereld. Daarnaast zijn er de luchtelfen die nauw verbonden zijn met de wind en stormen. Deze luchtelfen zijn gewoonlijk zo'n honderdtwintig à honderdvijftig centimeter groot, vertonen een duidelijke vorm en zijn gewoon prachtig. Tenslotte zijn er de immense luchtgeesten die op zeer grote hoogtes leven. Ze gelijken op grote draken met enorme koppen, lange lichamen en lange staarten. Het zijn centra van energie en van een bepaalde kracht. Deze drie soorten werden allen beschreven in hoofdstuk 11.

NATUURGEESTEN zijn deze wezens van het devische rijk die zorg dragen voor de verschillende categorieën in de natuur zoals de lucht, de wind, de groeiende planten, de elementen van het landschap, het water en het vuur.

ROTSELFEN worden soms gnomen genoemd. Dergelijke elfen zijn zowel boven als onder de grond te vinden. De grote rotselfen uit de Grand Canyon staan vermeld in hoofdstuk 10 en elders in dit boek.

SALAMANDERS zijn ook gekend als vuurelfen. Hoofdstuk 10 geeft zowel informatie over één van de klassen die in de ondergrond van vulkanische gebieden woont als over deze die betrokken zijn bij bliksem en vuur boven de grond.

SYLFEN zijn een soort van luchtelfen. Ze zijn groot, doch niet zo ontwikkeld als die andere grote wezens, deva's genaamd. Wolksylfen worden beschreven in hoofdstuk 11 en worden ook vernoemd in hoofdstuk 12 over de orkaan.

TUINELFEN zijn een veel voorkomende soort van aarde-elfen.

UNDINEN (een klassieke of kabbalistische naam) worden ook watergeesten of waterelfen genoemd.

VUURELFEN worden ook salamanders genoemd.

WATERBABY'S zijn kleine gelukkige wezens die dichtbij de kust of in de branding worden aangetroffen. Het is een soort van waterelf, maar verschillend van zowel het soort dat in de diepe zee leeft als van hen die bij de rivieren, meren en vijvers verblijven.

Moment is een jong bedrijf dat voornamelijk boeken wenst uit te geven met betrekking tot alternatieve geneeswijzen, persoonlijke groei en spiritualiteit.

Moment

Onze boeken zijn verkrijgbaar via de boekhandel. Mocht u echter nood hebben aan bijkomende informatie over onze uitgaven of hebt u nuttige tips, dan kunt u contact opnemen via onderstaande gegevens:

Moment
Venneborglaan 131
B-2100 Deurne (België)
T. & F. +32 (0)3 325 83 86
francoise.degomme@yucom.be

Dank aan Christian Vandekerkhove voor begeleiding en advies bij het vormgeven van de uitgeverij.